合同作业

培养独立自主的
学习者

范怡红 等◎编著

教育科学出版社
·北京·

本书编写人员

本书顾问：周文叶　卢真金

参编人员：张滨雁　潘怡澍　彭丽雅　缪旭春　祝　捷

刘芷裳　鲍珍怡　金怡彤　陈　莺　吕欢欢

薛贝贝　张　玮　李芊颖　叶慧妩　高于惠

契约时代下的作业

人工智能时代，我们的教育也在不断探索与实践。

作业不仅仅是课堂教学的延伸，更是学生自主学习能力培养的重要途径。近几年来，关于作业改革的研究成为热点，且以学科素养视角下的作业设计为主流。而关于作业管理的研究尚未纳入我们的视线。其实无论从作业的即时效果而言，还是学生长远可持久发展来说，作业管理，包括学生的作业习惯、时间控制、作业态度以及对作业结果的应用等，更有意义。温州道尔顿小学的《合同作业：培养独立自主的学习者》一书，为我们提供了一种全新的研究视角——以作业管理为切入点，关注学生作业行为的改进。

"合同作业"特别吸引我的是"合同"二字，它将作业变成了一种师生共同参与、共同完成的过程。在传统观念中，作业往往是教师单方面布置给学生的，是"你要我做""我是完成任务"。在这种任务观点下，学生在作业过程中往往是被动的，缺乏主动性和创造性。许多学生甚至表现出"应付"的态度。然而，"合同作业"所提倡的是"契约精神"，强调作业的形式、数量、质量以及作业过程中的各种行为与态度，是师生之间协商的结果。显然，这种管理方式不仅能够确保作业内容与学生的实际需求和兴趣相匹配，还能够为学生提供一个更加自主、更加个性化的学习环境，从而有效提高学生的学习积极性和自我效能感。

更为重要的是，"合同作业"理念为未来教育提供了很好的衔接。小学段是基础教育之基础。我们期待每个学生更优秀更卓越，但每个学段都有特定的培养任务。小学段的主要任务是培养学生基础的道德行为、基本的学习习惯、清晰的思维品质以及对特定任务的责任与态度，从而为其未来的更好发展奠定良好基础。作业，表面上看只是学习的一个环节，但如果细细加以分析，与上述素养息息相关：师生共同设计作业有助于知识的结构化和对知识价值与应用的理解；合同作业的内容包含了质量要求、过程要求，特别强调作业过程中的诸多习惯；契约实施管理中更能培养起学生对作业任务的态度、责任，并由此推及对其他工作任务的态度和责任；对作业结果的应用，尤其是对错题的处理，是学生自我评价和反思能力的具体体现。从这个意义上说，温州道尔顿小学的这个研究看似从一个日常的作业改革入手，却蕴含着新理念、大原理。也正因为如此，"合同作业"于2023年被评为浙江省教育科研优秀成果就不足为奇了。

在此，非常欣赏和钦佩温州道尔顿小学的校长和老师们，非常智慧地选择了作业这一老师们熟悉的教育日常，通过多年持之以恒的实践与努力，探索出了别有特色的适合一线中小学老师的教育改革创新和研究路径，并最终指向学生核心素养发展。相信对其他学校和老师也会有重要的借鉴和参考价值。让我们一起期待，通过"合同作业"这一创新做法，我们的教育能有更多的创新实践，以更好地符合未来的需求。

浙江省教育科学研究院院长

　　温州道尔顿小学，一所充满活力的优质民办全日制小学。我们融合了创校校长白莉莉女士的"整理教育"思想与国际道尔顿教育的理念，通过短短八年的发展，已蜕变成一所面向未来的教育窗口学校。同时，在"双减"与"双新"的时代之轮上，也印刻了我们对于未来教育图景的大胆畅想。

　　在温州道尔顿小学，我们认为每个学生都拥有塑造未来的力量。为了培养他们面向未来的学习能力，我们从空间、文化和教学模式三个维度构建了一个支持系统，旨在激发学生的自主学习潜力。

　　我们认识到，自主学习是教育实践中不可或缺的一部分。通过持续的努力，我们在学校的物质环境与精神文化中寻找平衡，逐步形成了一套支持自主学习的教学模式。课堂是学习的核心场所，而学习是个性化的旅程，需要尊重每个学生的独特性。因此，我们致力于打造以学生为中心的新型课堂环境，让学生能够根据自己的节奏与方法去探索和学习。我们的"四段式"整理课和学科项目化学习正是这种教学模式的典型体现。

　　为了支持这种学习模式，我们开发了多种支持学习的工具，其中"合同作业"是一个重要的创新。它不仅是一份契约，更是一种培养学生自我规划能力的机会。通过师生之间的合作，学生能够自主规划与管理完成作业的时间和内容。

　　此外，我们还开发了其他支持自主学习的工具，旨在满足学生的需求，为学生自主学习提供必要的支持。既有程序支架，又有思维支架，既支持自主学习模式的正常运行，又突破自主学习的思维难点，帮助学生应对学习中的挑战，更为学习评价提供充分的表现性依据。

　　我们意识到，构建一个学生自主学习的支持系统对于未来学习结构的变革具有重要意义。虽然这一系统仍在不断完善中，但我们已经迈出了探索的步伐，勇敢地迎接未来的挑战。

　　随着技术的不断进步，我们更加坚信，教育的未来已在不远处。我们不应等待未来的到来，而应积极地迎接变化，拥抱未来。在《合同作业：培养独立自主的学习者》这本书中，我们诚邀您一同探索如何在教育的变革中为孩子们的未来铺路。

温州道尔顿小学校长

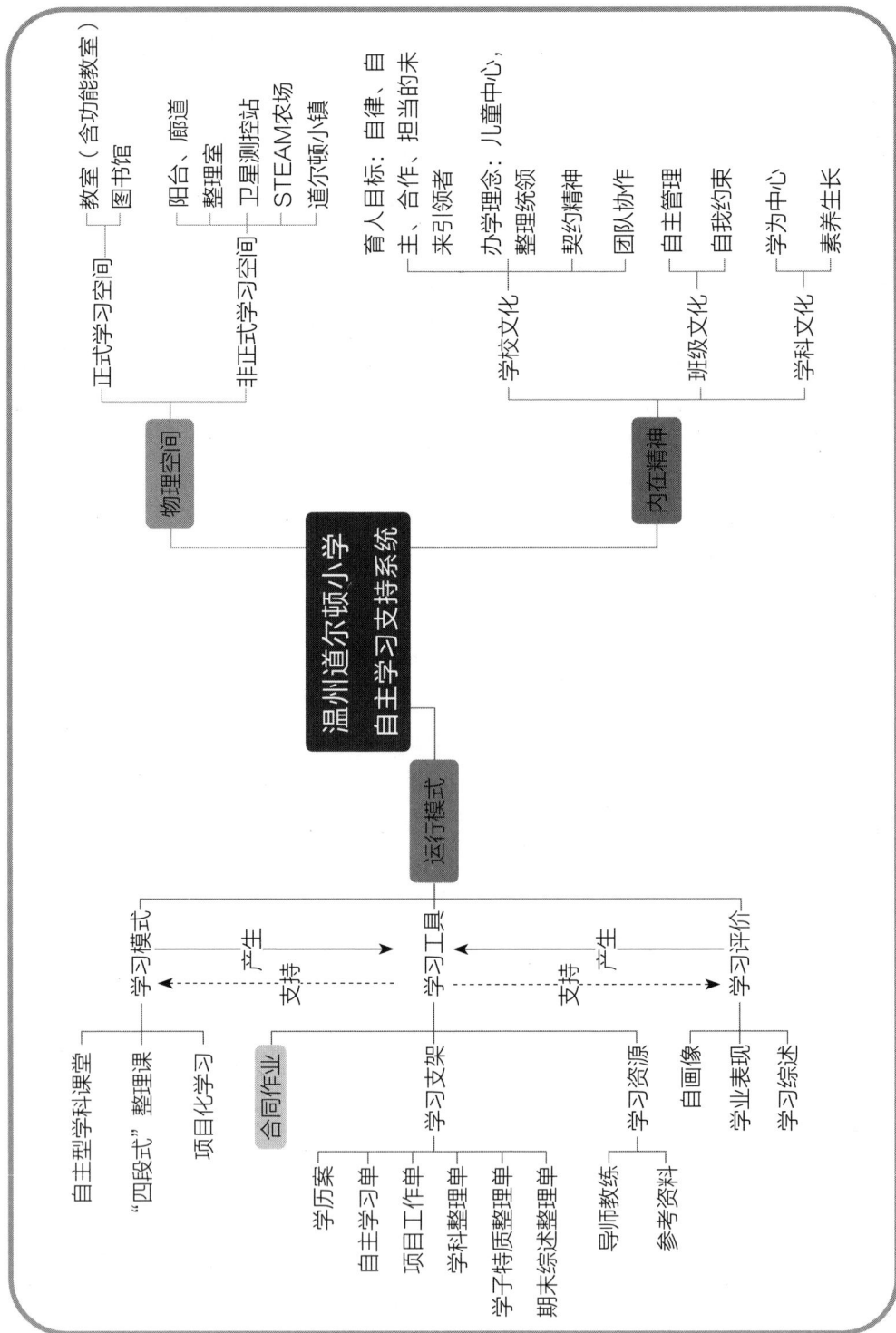

温州道尔顿小学
自主学习支持系统

物理空间

正式学习空间 ── 教室（含功能教室）
                图书馆

非正式学习空间 ── 阳台、廊道
                整理室
                卫星测控站
                STEAM农场
                道尔顿小镇

内在精神

学校文化 ── 育人目标：自律、自主、合作、担当的未来引领者
          办学理念：儿童中心、整理统领

班级文化 ── 契约精神
          团队协作
          自主管理
          自我约束

学科文化 ── 学为中心
          素养生长

运行模式

学习模式 ──产生→ 学习工具 ←支持─ 学习评价
         ←支持─   ─产生→

学习模式 ── 自主型学科课堂 ── "四段式"整理课
                            项目化学习

学习工具 ── 合同作业 ── 学习支架 ── 学历案
                               自主学习单
                               项目工作单
                               学科整理单
                               学子特质整理单
                               期末综述整理单
                     学习资源 ── 导师教练
                               参考资料

学习评价 ── 自画像
          学业表现
          学习综述

目录

我们展开这趟探索之旅，带着对教育深层次变革的好奇心。在这一章节中，我们会跟随学生的脚步，穿梭在作业的世界里，重新想象他们在这个过程中的位置。我们将探讨如何让学生在完成作业时能够发挥更大的作用，体验到成为知识探索者的乐趣，从而把学习的主动权握在自己的手中。

在这一章节的探索中，我们将携手走进合同作业的世界，而不仅仅是作业清单的领域。这里，每个任务都是学生与教育者共同绘制的蓝图，每一笔都充满了个性化的色彩和自主的规划。

　　在教育的丰富画布上，我们绘制着多学科合同作业的图景，探索如何将知识的色彩融合成协和的整体。这不仅是为了回应时代对教育多样性的呼唤，也是为了满足学生多元的心理和成长需求。

　　踏入单学科合同作业的世界，我们将一起探索作业在教育旅程中的新角色。这里，作业不再是一串任务的清单，而是成为学生展示所掌握的知识和技能的舞台，旨在让学生在专注的领域内绽放才华，同时培养他们规划和反思的能力，绘制出一条个性化的学习轨迹。

第一章

契约：让学生成为作业的主人

"作业"总是让人联想到"题海""疲劳""家庭大战"等。"作业"似乎代表着一种单向的权利——教师对学生的权利、家长对孩子的权利。可是，我们有没有想过，谁是作业的主人？

这一章，我们将重新定义学生在作业过程中的角色，挑战传统观念下的学生与作业关系，提倡一种新的参与和合作方式。我们将会深入讨论为何要将学生从被动接受者转变为作业设计和实施的积极参与者，为何要赋予他们更大的主导权和责任感。

第一节　学生在传统作业体系中的角色与体验

学习者"主权"的概念强调学生在教育过程中应有更大的自主权和选择权，使他们能够根据自己的学习风格和目标来指导自己的学习路径。作业也是学生行使学习主权的一种载体。我们尊重传统作业背后蕴含的"勤学苦练"，也要与时俱进，根据社会契约精神，促成孩子自己掌握作业的难度、强度，以及依据学习标准自我监督、自我约束，最终促成其自主学习能力的发展。

一、学生在传统作业体系中的定位

在我国教育领域中，传统作业观一直占据主导地位，它将作业视为课堂教学的自然延伸，是教学过程中非常重要的一环。但过去在课程和教学理论的广泛讨论中，作业却很少成为焦点。这反映出尽管作业在教学过程中被赋予重要角色，但对它的深入理解和有效应用的探讨却显得不足。传统教育学和教学理论讨论了作业的布置、检查和批改的标准流程，但忽视了作业在实现教学目标过程中的复杂性。

在改革开放初期，学者们尝试将教学目标的具体要求转化为可操作的"作业化"任务，检测学生是否达到预设的教学目标。类似的观点反映了行为主义教育目标观对我们的影响，它更多地通过外部行为来检查和控制学习效果。这种基于行为主义的作业体系强调外部条件对知识构建的影响，却忽视了学习过程中学生主体性和自主意识的重要作用。在这样的"作业观"框架下，学生往往是被动的接受者，他们在应对作业时常有"疲于奔命"之感。这导致学生在学校中是"服从者"，在家庭中是"旁观者"，没有占据学习和生活的主体地位。如今我们面对全新的时代，这样的现状迫切需要改变。我们的教育教学亟须促进学生的全面发展和自主学习能力的提升。因此学生在作业这件事中所扮演的角色和所占据的地位，也亟须发生改变。

在学校中，传统作业体系使学生成为行动的跟随者和服从者，而非行动的发起者和主导者。学校教育是在成年人的主导下进行的，放学后学生仍被课后作业束缚在既定的轨道上。然而，长期的"跑道"式竞争和课后作业调控并未使学生的创造力、合作力、自主学习等自我发展的能力得到更好的发展。随着时代的进步，对于"作业"的研究和讨论也逐步展开并得到重视。[①]近年来，作业实践研究开始涉及作业的开放性、选择性、趣味性、实践性和综合性设计，但仍然缺乏对作业整体性功能的研究，以及对学生主观能动性的激发和个体差异发展的重视。学生的作业规划和管理能力较弱，导致教师将作业作为对学生学习过程进行管理和控制的主要手段。一课一作业的设计使教师对学生学习过程的诊断变得碎片化，未能充分考虑学生的学习习惯、方式和进阶程度的差异。在机械重复的作业压力下，学生因作业而产生的心理负担日渐沉重，负面情绪占主导地位。作业的内容、形式设计单一，通常指涉及学科知识和技能的重复练习，严重限制了作业的功能。忽视作业对于学习意义和培养人的内涵的关注，难以使作业发挥促进学生全面发展的作用。

有学者指出，传统作业观本质上是一种控制性的作业观，是规训性社会权力的集中体现。[②]在这种作业观的引导下，学生成为被控制和管理的对象。传统作业体系中的师生及其相互关系值得我们反思。从作业伦理功能角度来看，家庭、学校、社区共同构成了作业的运作场域。家庭、学校、社区是不同的伦理实体，各自拥有不同的功能，彼此之间不能相互替代。[③]然而，在课后作业体系中，这些伦理实体和伦理关系受到了极大的影响和伤害。

作业使学生在家庭生活中成了"旁观者"。2012年的一项调查显示，上海学生每周平均花费13.8小时完成作业，位居全球第一。由于作业时间和作业要求的双重压力，孩子们在家庭中参与的活动不再是为了满足家庭生活的需求，而是变成"在家上学"。作为家庭的一员，孩子们对家庭其实有着天然的"爱"的需求。家庭生活是提供孩子安全感、满足感的最重要的场所。建立良好健康的家庭

---

① 高德胜. 家庭作业的伦理审视［J］. 教育发展研究，2021，41（18）：11-22.

② 水永强. 论传统作业向"创造性作业"的变革［J］. 教育理论与实践，2012，32（26）：53-55.

③ 同①.

关系，是孩子能够顺利展开学校学习生活的重要前提。但繁重的作业负担使得这一前提变得难以实现。另外，尽管孩子们尚未成年，但他们也有自己应尽的家庭责任。帮助父母分担家务，做力所能及的事情，是培养孩子责任感的第一步。然而，由于作业的存在，他们没有时间承担自己的责任，父母也不再要求他们履行义务。我们不得不担忧，[①]作业介入了家庭，影响了孩子在家庭中的身份认同实践，扭曲了孩子对家庭生活的基本理解。缺乏融入的"旁观者视角"，让孩子们在家庭生活中缺席，让他们缺乏安全感，对家庭责任的理解程度随之降低，也让健康的家庭关系难以建立。

步入新时代之后，我国已经把培养学生自主发展作为中国学生发展核心素养的目标之一。自主发展是人作为主体的基本特征，它强调有效管理个人的学习和生活，认识和发现个人价值，发掘个人潜力，有效应对复杂多变的环境。这也意味着我们需要在学校生活和学习体系中突出学生个人发展的主体地位。特别是在小学阶段，培养学生的主动性和主人翁意识，以及自主发展的能力和有担当、负责任的品质显得尤为重要。然而，传统作业体系中的学生往往是顺从的、机械的、被动的，这既不符合当前学校应该承载的教育目标，也让学生的伦理环境受到巨大挑战，影响了学生的身心健康发展。为了扭转这一乱象，我们需要进一步思考作业相关研究的问题。

在重新设计和实践作业时，我们应该从伦理学的角度审视行为主体及其相互关系，并充分考虑学校、教师、家庭、家长、学生、社区和公民等行为主体在教育关系中的位置。我们需要思考如何解决传统作业体系所带来的问题，并构建一个有利于学生自主学习和发展的作业体系。

二、传统作业对学生心理与行为的影响

按照成就动机理论的理解，我们的作业应该能够促使学生主动通过设定目标和面对挑战来提升学习成就，该理论认为个体追求成就的动机是由成功的需求和避免失败的需求共同决定的。在教育中，通过设定具有挑战性的作业目标和提供适度作业难度选择风险，以此激发学生的积极性和学习成就。

诸多研究发现，学生在完成课后作业时缺乏内在动机，大多是为了满足教

---

① 高德胜. 家庭作业的伦理审视［J］. 教育发展研究，2021，41（18）：11-22.

师、家长的期待，避免来自教师、家长的惩罚。课后作业对学生来说，几乎只是外在价值，没有内在价值。[①]有数据显示，目前我国中小学的课后作业大多"完全是老师设计、布置的"，许多中小学教师、学生及家长对课后作业完全由教师设计、布置持怀疑或反对态度。[②]在作业形式方面，我国中小学课后作业主要是书面作业，在所有作业类型中占80.2%；口头类作业所占百分比的平均值仅2.7%，欣赏类占4.5%，实践类占9.8%，其他类型占6.1%。这些数据表明，目前我国中小学课后作业主要是书面作业，口头类、欣赏类、实践类等课后作业很少。[③]以教师为中心的作业设计，使学生成为作业的机械响应者，他们对作业的理解几乎全部基于外界，心理处于被动状态，缺乏对作业意义与价值的自主思考。

传统作业还使学生极易形成短期功利心理，不利于学生的长期发展。从行为主义的传统作业价值取向来看，传统作业体系追求的是控制和检查，由此传统作业多追求确定性，对学生提出的作业要求多为"完成"和"正确"。有学者分析指出，当学生以"完成"和"正确"为导向的时候，他会尽可能避免那些具有认知挑战性的题目和作业，因为这些作业有可能需要更长的时间，更有可能会出错，需要不断调整与修正，这些都会影响他的作业完成率和正确率。因此，当学生有作业选择权的时候，他会以简单的、不容易错的、不需要订正的为取向来选择作业。而当学生不得不做这些有挑战性、需要更多付出和投入的作业时，他就可能敷衍了事或依赖家长。因为他知道，"完成"和"正确"是显性的，可能带来的是教师的表扬，而"过程"教师是看不见的。更重要的是，这些作业往往是不纳入考试范畴的。[④]这样的短期功利心理与行为，易让学生形成作业惰性心理。当面对真实情境下的问题时，学生将难以自主思考和综合运用已有知识，不利于学生的全面发展。

进一步地讲，若无法适应传统作业体系，学生将会把作业当成一种压力和负担，从而产生焦虑与厌学心理。例如，部分学校和教师忽略了作业的功能，将作业与考试联系起来。考试难度大，学校教材难，课后超前学，学校提前教，这一恶性循环导致作业难度递增。教师不得不超前布置作业，学生面对这种难度大的

---

① 高德胜. 家庭作业的伦理审视［J］. 教育发展研究，2021，41（18）：11-22.
② 任宝贵. 我国五省中小学家庭作业现状调查［J］. 教育科学研究，2015（12）：49-56.
③ 同②.
④ 夏雪梅，方臻. "完成"和"正确"之外，理想的作业行为是什么［J］. 人民教育，2016（23）：76-80.

作业会感到焦虑，甚至产生抵触心理和行为。[①]这对学生的发展极其不利。研究普遍认为过多作业会对学生发展造成不利影响。作业与学习成绩之间存在"倒U形"关系。作业时间过长会负向影响学业成绩，并对学生心理健康、幸福感、睡眠以及亲子关系造成不同程度的负面影响，作业量过大已被确定为儿童焦虑水平升高的常见风险因素。[②]

2013年8月，教育部公布了《小学生减负十条规定》（征求意见稿），其中一条即为不留作业。回顾政府的历次减负措施，毫不例外都将是否布置作业、作业量的多少作为重要的指标。隐藏在这一政策背后的假设是作业会引发学生不必要的负担。因此，只要规定不许布置作业，学生就没有这些负担了。这种简单的归因回避了造成作业负担的社会、文化、制度、心理等各种综合因素，将作业负担问题处理得过于简单化。事实上，作业在完整的学习过程中具有至关重要的作用。简单的"不留作业"无法有效回应教育在作业问题中面临的新挑战。如何减轻学生的作业心理负担，发挥学生在作业中的主体作用？如何照应学生的个体差异，用对个体有意义的作业减轻学生负担？如何让作业更有效地指导学生学习的全过程，实现作业对"学习意义和育人内涵"的双重目标达成？这三个问题，是明确国家政策导向后，我们在作业的设计和实施过程中需要回答并值得深入研究的问题。

三、传统作业与学生的关系

传统作业与学生的关系往往被视为一种单向的权力关系，教师布置作业，学生只是被动地完成并将其交给教师评分。这种关系缺乏互动与合作，容易让学习变得乏味，让学生失去动力。

传统作业与学生的关系是双面的，既是学生巩固知识和技能的工具，也可能成为影响学生学习动机和创造力的制约因素。它通过提供明确的任务，帮助学生建立起学习的基础框架，从而在一定程度上促进了学生自主学习的意识。然而，如果作业内容过于刻板、单一，缺乏创新性，则可能会限制学生的创造性思维。理想的作业应当鼓励学生探索、提问和创新，提供足够的空间让学生运

① 徐晴."双减"背景下小学生作业布置问题及策略研究［J］. 科教文汇，2022（8）：126-128.
② 赵茜，钱阿剑，张生，等. 回应"双减"要求的有效作业特征与实践策略［J］. 中国远程教育，2022（7）：59-69，77.

用自己的想象力和解决问题的能力。

传统作业要求学生在规定时间内完成特定任务，这在一定程度上锻炼了学生的时间管理能力。然而，过多的作业量或不合理的截止时间可能会对学生造成压力，对时间管理形成挑战。而有效的时间管理不仅对学业成绩有正面影响，也是学生将来在职场和生活中不可或缺的技能。因此，是否有一个作业体系能考虑作业量与学生时间管理能力的匹配度，帮助学生学习规划作业：何时开始，如何分配时间，如何高效完成，帮助学生学会优先级排序和自我监控等，从而帮助学生逐步建立起自己的时间管理策略。

传统作业通常伴随着教师的评价和反馈，但学生的自我评价和反思能力往往被忽视。自我评价是学生自主学习的重要组成部分，它要求学生对自己的作业进行深入分析，识别自己的强项和弱点。通过自我反思，学生能够更好地理解学习过程中的收获与不足，从而更有针对性地调整学习方法和策略。这不仅有助于学生当前的学习，也为他们终身学习奠定了基础。

传统作业对学生的学习不仅限于认知层面，还涉及社会情感发展。作业可以成为学生与同伴合作、交流和相互支持的媒介，提升他们的社交技能和团队合作能力。同时，作业中遇到的挑战与困难也可以锻炼学生的抗压能力和解决问题的能力。然而，如果作业设计不当，可能会导致学生之间的竞争和压力，影响他们的同伴关系和情绪状态。

作业理论强调作业不仅是学习的一部分，而且是教育过程中促进学生全面发展的重要工具。有效的作业设计和管理对于提升学生的学习体验、提高学习效果以及培养学生的核心素养至关重要。因此，我们需要构建一个更完善的作业体系，一方面能继承传统作业的优势部分，另一方面减少或改变制约学生的作业形态，从而使"作业"能够真正帮助学生发展。

第二节 学校的契约文化

不难认识到，传统作业的模式已经不能够满足和回应当代学生的发展需求，也难以继续深化教育改革的成果，真正做强教育，提升教学。在学校层面，我们更需要意识到，原有的传统作业体系亟待调整。要实现这一革新，学校层面就要对育人观和作业观重新进行思考与构建。已有的探索揭示了一个重要的学校育人文化内容——契约文化。它可以说是我们重构育人模式与作业体系的基础。如何在整个学校范围内建立和促进这种基于契约的文化呢？这一节将详细阐述学校的育人目标如何与契约文化相结合，以及这种结合如何影响学校和班级管理文化。我们将探索学校和班级层面的契约管理实践，以及学生如何在这一框架下进行自我管理，从而提高自身的学习积极性和参与度。

一、学校的育人目标

在温州道尔顿小学，育人目标是教育工作的核心。它代表了学校教育的理念和追求。学校以道尔顿教育计划和整理教育为基础，明确提出要培养学生"自律、自主、合作、担当"四个特质，并将其作为学校课程和活动的核心目标（见表1-1）。

表1-1 育人目标

毕业生特质	自律		自主		合作		担当	
关键要素	契约精神	自我管理	独立自主	个性发展	沟通交往	团队协作	积极参与	传承创新
特质指标	公约意识 负责的行动	目标意识 时间规划力 整理反思	自主的选择 独立的思考 自我负责	鲜明的特长 健康的体魄 持久的热爱	文明与自信 理解与尊重 跨越文化	团队观念 组织领导力 协作能力	社群责任感 服务的行动	家国情怀 创新实践

我们强调培养学生的"自律"特质。自律指向学生能够自我规划、自我反思和自我管理的能力。学生一旦能够自主安排学习时间、制订学习计划，并执行自己的计划，也就能够养成良好的学习习惯，内化和构建自我管理的能力。通过自律，学生可以更好地掌握学习进度，提高学习效率，并培养出坚持不懈、自我约束和自我激励的品质。自律不仅对学习有益，也对学生的日常生活和未来发展具有重要意义。

四个特质中的"自主"特质，有着与字面意思不同的含义。自主并不是放任自流，而是学生在教师的指导下相对自由地支配学习时间与速度，拥有独立思维和自主选择的能力。我们相信，学生在学习中应该享有一定的自由度，能够按照自己的兴趣和节奏去探索和学习。这种自主并非无序和混乱，而是在有组织和有序的环境下实现的。在学校中，我们给予学生更多自主选择的机会，让他们根据自己的兴趣和能力去制订学习计划，并在教师的指导下有序地进行学习。

在独立自主的基础上，我们还注重培养学生的"合作"特质。合作是当今社会不可或缺的素养，涉及与他人的交流、合作和共同努力。在学校，我们鼓励学生与教师和同伴之间建立平等、尊重、合作的关系。学生不再是被动地接受教师的指令和知识灌输，而是与教师成为学习的伙伴和合作者。与同学也不再是"竞争"的关系，而是一起探讨问题、解决难题，并共同完成任务的同伴。通过合作，学生可以相互倾听和尊重他人的意见，学会团队协作，培养良好的沟通能力和团队精神。

最后，我们鼓励学生具备"担当"的特质。担当指向学生积极参与、承担责任，并勇于实践和创造。学生不应当是被动地接受任务，而是必须认识到，并且积极参与和承担起自己的学习责任。他们需要明确学习目标，主动寻求解决问题的方法和途径。通过担当，学生可以培养出敢于参与、勇于负责和善于创新的品质。担当不仅是学生在学习和活动中表现出的态度，更是他们未来成为社会有用之才的必备素养。

作为教育教学中的重要一环，作业体系必须与学校的育人目标和文化理念相辅相成。如何将学校的育人目标落实到作业体系的设计与实践中，是革新学校作业体系的起点和重点。在新的作业体系方案里，我们鼓励学生在自主选择和合作交流中培养自主、合作的特质，通过自我规划和自我反思实现自律的目标，通过积极参与和勇于面对实现担当的要求。这样的作业体系方案不仅能够使学生成为独立自主的学习者，也促进了学校育人目标的实现。

正如道尔顿制教育创始人海伦·帕克赫斯特（Helen Parkhurst）女士所说："我们要把学习的问题直接放到学生面前，并指出必须达到的标准。此后，我们允许他以自己的方法和自己的速度解决问题。"这正是学校育人目标和革新作业体系所要体现的精神。我们相信，通过培养学生自律、自主、合作和担当的特质，我们能够培养出具有独立思考、良好沟通、自主学习和创新实践的终身学习者。

二、学校与班级的契约管理

明确了学校的育人目标后，我们接下来将关注实际操作层面——如何在学校和班级中实施契约管理。

按照社会契约论的理解，契约文化可以在教育环境中建立公平和合作的学习氛围。契约主义强调契约精神在教育中的应用，通过契约精神培养学生的责任感和自我管理能力，契约精神可以影响个体的责任、义务和合作行为。

契约管理是学校引入的一种全新的管理方式，旨在培养学生的责任感和独立自主的能力。它在学校和班级层面建立了一种合作、平等、共同责任的关系，让学生真正成为学习和生活的主人。

在学校范围内，契约的制定对于学生个体和教师的发展具有重要的促进和保护作用。学校层面的契约管理覆盖了学校的整体规划和日常运作。学校制定的通用契约，旨在构建学校与学生之间的沟通与合作桥梁。这些通用契约明确了学校的核心价值观、学生的权利与义务，以及学校与学生互动的具体方式。

为了确保学生能在一个平等和民主的学习环境中成长，学校必须首先为教师营造一个同样平等和民主的工作环境。这要求学校管理层与教师之间建立基于相互尊重、平等对话和共同决策的合作关系。为此，学校制定了一系列的管理契约，以明确学校与教师之间的合作内容和职责划分。例如，备课契约、双班主任契约等（见图1-1），这些契约有助于明确各自的角色和责任，形成一种共同进步、协同合作的教育和管理文化，这不仅极大提升了管理效率和教师的工作积极性，还促进了教师的个人发展和职业稳定性。此外，这些契约还有助于建立和谐的师生关系，提高学校管理的现代化水平。

学校积极推行契约管理，与学生共同制订了一系列校园契约，如通用契约、学习契约、品行契约和生活契约等（见图1-2）。其中学习契约是学校契约管理的重要组成部分，它关注学生的学习内容、学习方法和学习进度，通过由学生与教师共同约定一系列规则和要求，鼓励学生主动参与学习过程，培养自己的学习自觉性和自主能力。品行契约则关注学生在班级生活中的行为规范和互助合作，规定了班级内的行为准则和规范，培养学生的责任感和团队意识。生活契约要求学生在日常生活中自律、自主，学会照顾自己和维护班级环境。

契约管理的实施需要学校和教师共同参与。在制订契约时，学校与学生进行充分的讨论和交流，保证每个人都有发言权和参与权。契约需要明确具体的内容

温州道尔顿小学备课契约（试用）			
教师姓名： 教龄： 原资历分档： 学科： 教材：			
我选择的 资历分档	我想选择的 备课方式	这种备课方式的 具体做法是	我可以提供的 备课材料
我的理由			
承诺方	履行内容		未履行后果
课程中心	1. 课程中心将为您提供必要的备课资源 2. 课程中心将依据您履行"备课契约"承诺的情况来给予（4/3/2/1）的等级评定与指导 3. 课程中心将依据"备课常规标准"和"优秀教学设计评价标准"及"开放课堂"情况，聘请学科专业人员评估您的备课质量和教学质量，给予（4/3.5/3/2.5/2/1）的等级评分与指导		如未能很好地履行承诺，课程中心将承担以下后果： 1. 依据契约重新评价并公开申明 2. 接受您向上级部门投诉并做出整改
我	1. 我会按照此契约签署的内容进行备课 2. 我会保证我的备课质量和教学质量 3. 我会在学校需要的时候随时提供与教学进度匹配的备课材料 4. 我会在每学年至少撰写一篇精品教学设计并准时提交		如我未能很好地履行承诺，并出现教学质量不过关的情况，我愿意接受由此带来的后果： 1. 下学期将由甲方制定备课方式及内容 2. 影响各类评优评先和绩效考核
课程中心签名 （或签章）：　　　年　　月	学科导师/教研组长 签名（或签章）：　　　年　　月		教师签名（或签章）： 　　　年　　月

图1-1 温州道尔顿小学备课契约（试用）

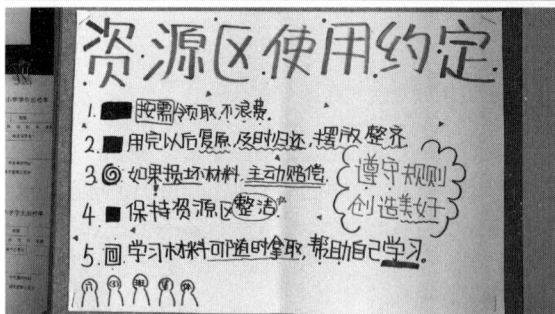

图1-2 班级约定

和要求，让学生清楚自己的责任和义务。在契约管理过程中，学校和教师起到引导与支持的作用，鼓励学生自主决策和规划，让学生内化契约管理的内容，真正实现学生的自我管理。契约管理的实施还需要学校和教师为学生提供必要且充分的资源与支持，确保契约的有效落实和执行。

　　在班级层面，契约管理更加具体和细化。每个班级都会制订自己的学习契约和品行契约，以适应班级内部的学习和行为规范。学校层面和班级层面的契约管理相辅相成，共同为学生提供了积极、互动和支持性的学习环境。

学校层面与班级层面的契约管理共同促进了学生的全面成长和发展。通过契约管理，学生逐渐树立起独立自主意识和责任感，变得更加积极主动，愿意承担起自己的责任和义务。同时，学生之间的合作和互助精神也得到了增强，他们学会了相互尊重和支持。在契约管理的指导下，学生的学习成绩和个人素质得到了提升，为有效实施全新的合同作业框架打下了坚实的环境基础。

三、学生自我契约管理

在学校和班级层面的契约管理建立之后，我们现在可以把焦点转向学生个体——如何使他们成为自我管理的主体。

在小学阶段实施学生自我契约管理，其核心并非要求学生掌握复杂的法律知识，而是要通过契约的形式和精神，强调学生的自主发展，培养学生的核心素养。自我契约管理的关键在于，学生能够有效管理自己的学习和生活，认识和发现自我价值，挖掘自身潜力，以应对复杂多变的环境。学生的自我契约管理之所以重要，是因为它直接决定了学生的学业进步及个人综合素养的全面发展。

自我契约管理的实施与联合国教科文组织提出的21世纪教育目标相契合，特别是"学会求知"的理念。它要求学生超越单纯的知识记忆，发展对学习过程的深入理解，即"元学习"能力。这种能力让学生能够自我反思和自我调整，形成有效的学习方法，提升核心素养，为成为终身学习者打下基础。

新冠疫情期间的远程学习经验凸显了学生自我管理能力的重要性。许多地区的学生不得不在家中进行学习，我们观察到，一旦脱离了学校和教师的监管，许多学生变得"不会学习"，不知道如何在家庭环境中安排和实现自己的学习计划。例如，他们不知道一天应该学习多长时间，不知道各学科应该如何分配学习时间，不知道如何掌握学习进度，等等。在家学习不仅对学生的学习管理能力提出挑战，还暴露出许多学生不知如何获取学科知识和使用学习材料的问题。一旦教师没有及时布置强制性的作业，学生往往就不知道该做什么作业或者不知道从哪里获得学习材料，进而不做作业或者乱做作业，最终导致学习效率低下甚至无效学习。

随着学生心理和认知的成熟，他们的个性化需求和自我意识逐渐增强。学生开始渴望自主安排学习和生活，但同时也面临着自我管理能力的挑战。因此，学校、教师和家长需要共同努力，引导学生发展自主管理的能力，帮助他们成为能够自我驱动的独立学习者。

学校积极倡导在小学阶段建立学生的主动性和主人翁意识。例如，打造契约式物理文化空间、创建契约式精神文化空间、建立契约式班级管理制度等。通过自我契约管理，我们旨在激发学生的内在动力，培养他们的自主发展能力和责任感。这不仅是对学生个性的尊重，也是对他们未来发展的投资。

当我们将更多的管理职能"还"给学生时，学校便不再只是一个学习知识的场所，而是成为学生了解和进入社会的桥梁和纽带。从学校层面的管理到学生的自我契约管理，能够有效地结合集中授课与分散自学、教师教育与自我管理等。学生的自我契约管理不再是来自外界的"监管"，而是学生从内心发生的"理解"和"理念"，是给师生和家长三方建立彼此相互信任的平台。这不仅是管理模式的转变，更是教育方式和教育观念的革新。

第三节　契约文化重构作业与学生的关系

在深入探究学校和班级层面的契约文化之后，本节转向更微观的视角，探讨如何在契约文化下构建新的作业体系，以及新的合同作业体系如何重新塑造作业与学生之间的关系。

一、合同作业中的学生角色

在建校之初，为了确保"自律、自主、合作、担当"的教育理念得以有效实施，学校从顶层设计着手，全面革新了教育教学和管理方法。作业，作为教育中的关键环节，虽然常被忽视，却在这里得到了特别的关注。学校将整理理念与道尔顿制教育相结合，构建了一套既符合本土文化又具有学校特色的作业体系——合同作业。

合同作业赋予了学生全新的角色定位，使他们成为学习的主导者，拥有更多的控制权和自主性。学生不再是被动接受作业的对象，而是作业设计和执行的积极参与者。这种变化不仅仅是任务执行方式的改变，更是教育理念的革新，旨在培养学生的自主学习能力，促进学生全面发展。

合同作业使学生成为学习过程的合作伙伴。在过去，作业的设计和安排完全由教师决定，学生扮演被动接受的角色。然而，在合同作业中，学生与教师平等合作，甚至在某些方面成为核心合作者。每份合同作业都包含一段郑重的承诺语。学生与教师一同浏览合同作业内容，然后共同讨论本周作业。在达成共识之前，学生可以选择差异化的作业，或者根据兴趣选择自由作业。只有在共识达成后，学生才会郑重签署合同。这种签署代表着对作业内容的认可和责任的承担。

使用合同作业的学生被期望成为全面自主的学习者。这种全面发展不仅包括学业成绩，还涵盖学习能力、身心健康、品德行为等方面。合同作业的设计使学生在心理、行为和学业上都得以全面发展。他们通过自主规划、自我评价和合作交流，提升了自主学习能力、合作精神和全面素养。

合同作业的出现改变了学生的角色定位，使他们从被动接受者转变为主动参与者和合作伙伴。这种新的学生角色提升了学生的学习动力和学习效果，使他们更加自信、自主，真正成为学习的主人。

二、合同作业与学生的关系

契约文化下的合同作业与学生的关系是作业的一种新模式。通过建立师生间的契约关系，合同作业重构了传统作业中学生的地位和作业的实施方式。传统作业常常是教师单方面的决策，导致学生在作业中主体地位的丧失，作业完成过程被动，学习态度消极，与教师和家长常常因作业产生矛盾。合同作业的出现旨在解决这些问题，让学生成为作业的主人，成为独立自主的学习者。

在契约式合同作业中，学生与教师之间建立了平等的合作关系。教师需要拥有专业知识并站在学生的角度来布置作业，明确作业布置的目的和责任。学生被赋予学习的权力，可以自主选择完成作业的时间和内容。这种转变有助于学生自主规划学习，培养独立思考的能力。

合同作业的目的是减轻学生对作业的抵触情绪，并减轻学生的心理负担。传统作业常常给学生带来压力，而合同作业的理念是将学习的权力还给学生。学生可以根据自身情况合理规划学习的节奏和内容，教师则进行正确的引导，鼓励学生尝试和探索。

在布置合同作业时，教师需要明确表述作业任务的内容、范围、工作量和责任归属，确保学生在作业中发挥主体作用。学校需要安排充足的时间让学生了解学习目标和内容，让学生有时间思考作业的方式和时间。学生可以根据自己的想法规划合同作业，教师则需要提供适当的指导和建议，而不是过度干预学生的选择。

综合来看，合同作业是学生自主学习的导航，明确学生自主学习的方向，并具有课业诊断功能。它以学生为中心，培养学生的自主学习能力，满足个别化学习和自主选择的需求，引导学生发展个人强项，赋予家庭和家长适当的作业指导角色。合同作业建立了学校、教师、学生、家长之间的共在关系，形成一个学习共同体，践行教育的核心理念。

三、将"契约文化"融入未来导向的学习框架

在温州道尔顿小学，我们认为每个学生都拥有塑造未来的力量。为了培养学生面向未来的能力，学校从空间、文化和教学模式三个维度构建一个自主学习的支持系统。而"契约文化"是其中重要的精神内核。

契约文化强调个体与学习环境之间的相互承诺和责任，为学习者设定具体目标和期望，从而激发其内在动力。学校通过实施契约式管理，将"契约文化"融入未来导向的学习框架中，以此培养学生的自主性和责任感。

合同作业正是一种以书面形式呈现的学习契约，它规定了学生在特定时间内应完成的学习任务和达到的学习标准。这种作业形式不仅要求学生对自己的学习负责，而且要求教师提供清晰的指导和反馈。通过合同作业，学生能够更清晰地了解自己的学习目标，同时也能够根据个人的学习节奏和能力进行自我调整。在作业发布之初，学生享有与老师协商作业的权利，对作业具有发言权、选择权，最终签名与老师达成共识，践行契约精神。

学校还积极研发其他支持自主学习的工具，这些工具既作为程序支架，又作为思维支架，支持自主学习模式的正常运行，并帮助学生突破自主学习的思维难点。

在未来导向的学习框架中，契约文化的应用有助于培养学生的自主学习能力和终身学习的习惯。学生通过与教师共同制定学习合同，能够更加主动地参与到

学习过程中，形成自我监控和自我评估的能力。这种自我驱动的学习方式，能够为学生未来的职业生涯和个人发展打下坚实的基础。

此外，契约文化还能够促进教育的个性化和差异化。每个学生的学习合同都是根据其个人的学习需求和兴趣定制的，这有助于教师更好地理解学生的特点，提供更有针对性的指导和支持。同时，学生也能够在合同的框架内探索自己的兴趣和潜能，实现个性化的学习路径。

随着技术的发展，如ChatGPT的普及，温州道尔顿小学认识到未来已来，需要顺应瞬息变化的教育风浪，积极融入契约文化，以培养学生面向未来的学习能力。而契约文化的融入极大地推动了未来学习结构的变革。虽然这种模式尚未完善，但它已经将学校推向了教育改革的前沿。

💬 家长感言

我们都知道合同是一种具有约束力的协议，双方必须遵守其条款和条件。而道尔顿的合同作业又是怎么一回事呢？刚入学时，作为一年级新生家长的我也感到十分好奇：作业就作业，合同又是什么？后来我才明白这是一份属于道尔顿独创的合同作业。

当我第一次拿到这份合同作业时，就感慨这样的设计太有益于孩子和家长了，每周一份新的合同就是每周的学习规划表，每一天每一科的学习任务清晰明了，让孩子和家长清楚地知道学到哪儿了，今天需要做什么作业，以及运动、睡眠、劳动等。每一周的周总结更是给了我一个很好的机会，梳理孩子一周的表现，可以表扬，可以批评，也可以记录每周难忘的事。老师常鼓励我们多写一些孩子的细节，让她更了解孩子掌握的知识以及在家的表现。

一年级时，合同作业带来的益处还不是那么直观明显，因为孩子和我们都在适应、习惯，但每一天与合同作业打交道，那种帮助是潜移默化的。到了二年级，合同作业带来的利好一下子就凸显出来了，孩子已经习惯了合同，可以自主完成作业了！

我们的合同也不断改进，这个学期合同上多了自主规划的部分：在校完成和在家完成，让孩子自己安排。孩子在合同作业的帮助下有了自主规划学习的习惯——她在完成今日作业的情况下，还会观察第二天的学习任务，提前预习或者提前做作业，把能完成的内容提前完成，这样她就多了自己的时间做别的事。从根据合同表格按天完成计划到自己观察整周的计划表安排学习，这样的变化真是令人欣喜。这仅是二年级的变化，我很期待：三年级又会有什么样的惊喜呢？

  这便是道尔顿合同作业带来的最大益处了，合同作业是每天浸润他们的学习方法！相信这样坚持六年时间，他们在学习上、生活上一定会有巨大的进步。

2022级2班　项心然家长

第二章

合同作业的本质与内核

当我们真正开始思考"儿童中央""自主学习"的理念时，作业的设计就变得尤为重要！引导自主学习的"作业"是什么样子的？如何设计更符合学生年龄特点的作业？合同作业和我们认为的"作业清单"一样吗？

清楚了"契约"和"学习"之间的关系，我们将深入探索合同作业这一概念的核心内涵和实质意义，了解究竟什么是合同作业。本章旨在打破传统观念中仅仅将作业视为课堂教学的延伸，并单一地起到学习巩固和诊断作用的看法，将作业视为一个功能更加丰富、内容更为多元、作用更加动态的学习工具。通过分析合同作业的基本要素、关键特征及其多样化的类型，来展示合同作业如何超越传统作业的界限，成为促进学生学习和发展的有效方式。

第一节　合同作业的内涵与要素

一、合同作业的内涵

"合同作业"又称"契约作业"，它不是一种简单的作业形式，而是"以培养学生自主学习能力为目标，通过师生双方相互约定，能够让学生自主选择作业内容，规划作业时间"的作业方案。"合同"的本质即意味着作业的设计者（教师）和作业的完成者（学生）之间达成契约，以"合同"的形式建立师生之间的沟通和合作。需要特别指出的是：我们所指的合同作业并不单单只是"作业类型"或"作业内容"。它是支持学生自主学习的支架，是学生的"学习助理"。它更多指向的是学习方式。合同作业在实施时必须经过学生认可，学生有权对作业内容和作业量提出调整意见与建议，并根据自己的情况对作业进行规划。

基于以上合同作业的特点，与建构主义理论的核心观点紧密相连，都强调学生在教育过程中的主动性和主体性，以及对知识的主动探索、发现和意义建构。通过合同作业，学生能够在实践中学习和成长，这正是建构主义理论所倡导的以学生为中心的教学理念。

学校紧跟课程改革的步伐，致力于打造一个既实用又有深度的教育环境。我们的目标是让学生在完成作业的过程中，不仅仅是完成任务，更是发展他们的自主性、合作能力、自律性和责任感。我们相信，通过明确的目标设定、合理的分层作业设计、积极的师生互动以及有效的评价机制，可以更好地激发学生的学习热情和创造力。

学校更致力于打造一个以契约精神为核心的学习评价系统。这个系统不仅关注学生的学业成绩，更重视他们的个人成长和全面发展。我们希望通过这样的系统，让学生在学习中找到自己的节奏，学会自我管理，同时也能够与他人协作，共同进步。这样的教育模式，既能满足学生的实际需求，又能保持学术的严谨性和深度。

二、合同作业的要素

"合同作业"作为支持学生自主学习的作业方案，其设计、实施与管理也有一定的规范和要求。教师需要将一个学习周期内所有与作业相关的信息和要求整合起来，提前提供给学生。这就像是教师提前给学生一份详细的学习计划，包括整个周或单元的学习目标和任务。

例如，在开始一个新的学习单元之前，教师会给学生一份"合同"，里面列出了接下来一段时间内他们需要掌握的内容和完成的作业。这样，学生就可以根据这份"合同"来了解他们需要学习什么，然后自己规划如何完成这些学习任务。

我们可以把这份"合同"想象成学生的"学习助理"，帮助他们理解学习目标，规划学习路径，并自主地进行学习。通过这种方式，学生能够更清晰地知道自己的学习方向，同时也能够发展他们的自主学习能力和时间管理技巧。

那么，教师给学生设计一个时间段内的合同作业，需要包含哪些要素呢？合同作业的设计包含了较为稳定的六要素：学习目标、教学进度、作业内容（含作业量）、作业计划、作业约定、作业反思（学生反思、家长反馈、教师反思）。

其中，学习目标和教学进度的功能是目标引领、信息导航，让学生知道学什么，达到什么目的。教师在设计的初始阶段就要明确学习目标，并根据学习目标制订作业目标。作业目标必须与学习目标有一致性的关系。根据目标，教师设计相应的作业内容，让作业有的放矢。教师还需要通过呈现教学进度向学生介绍和解释这段时间内的教学计划，例如一周中每个课时的教学内容是什么，让学生能够提前了解，并更好地规划自主学习。

作业内容和作业计划是为了支持学生完成自主规划、自主学习与自主管理。作业内容中列明了这个时间段内的作业任务，并标明了规范的工作量（全校统一的作业时长标准）。这样，学生、家长和教师就能够直观地看到一个学生在这一时间段内所要完成的所有作业任务及作业时间。作业计划则是给予学生自主规划的空间和提供指导性的支架，协助学生计划自己的作业（学习）进程。

作业约定和作业反思同样重要。作业约定是学生与教师在平等沟通作业信息、充分提出建议之后，就作业完成的态度、时间和内容达成约定的过程。也就是通过约定，完成合同的契约功能。作业反思是自主作业（学习）过程中至关重要的一环。学生对作业（学习）完成情况、学习过程、自我管理和监督的过程进行反思，从而调整下一阶段的目标和计划。其中还包括家长和教师提供给学生的作业结果的反馈与指导，能够帮助他更好地深入反思（见图2-1）。

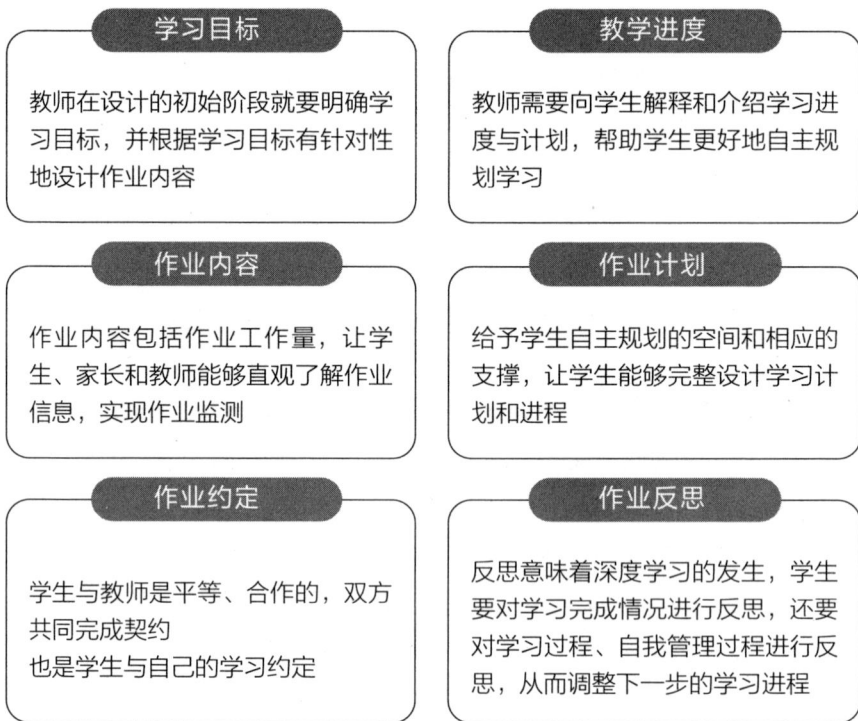

学习目标
教师在设计的初始阶段就要明确学习目标，并根据学习目标有针对性地设计作业内容

教学进度
教师需要向学生解释和介绍学习进度与计划，帮助学生更好地自主规划学习

作业内容
作业内容包括作业工作量，让学生、家长和教师能够直观了解作业信息，实现作业监测

作业计划
给予学生自主规划的空间和相应的支撑，让学生能够完整设计学习计划和进程

作业约定
学生与教师是平等、合作的，双方共同完成契约
也是学生与自己的学习约定

作业反思
反思意味着深度学习的发生，学生要对学习完成情况进行反思，还要对学习过程、自我管理过程进行反思，从而调整下一步的学习进程

图2-1　合同作业设计的六要素

三、合同作业的功能与价值

合同作业是对传统作业模式的一次重要创新和拓展，它不仅继承了传统作业在巩固知识和诊断学习成效方面的作用，还在此基础上增加了更多元化的教育目标。通过精心设计，合同作业确保了作业目标与教学目标的一致性，从而提升了作业内容的有效性。这种作业模式通过契约的形式，帮助学生明确学习目标，提升了学习的效率，同时避免了作业设计的碎片化，使作业更加统整化和系统化。

合同作业的一个关键价值在于它能够从宏观上控制作业总量，确保学生能够在有限的时间内高效地巩固单元核心知识与能力。更重要的是，合同作业致力于培养学生的自主学习能力，它将作业视为学生学习过程中的重要环节，而非仅仅是教师教学的延伸。通过这种方式，学生成为学习的主体，作业的所属权和责任自然回归到学生身上，从而激发了学生的自主学习驱动力。

合同作业还充当了"学习助理"的角色，帮助学生管理时间、自我监督，并学会如何学习。它拓宽了作业的功能，使作业不是仅完成题目，而是成为一项有意义的学习活动，鼓励学生从学会做题走向学会做事。这种作业模式让学生在完成学习任务的同时，发展解决问题和应对挑战的能力，从而为学生的个人成长和全面发展提供了支持。

通过合同作业，学校能够将作业作为实现育人目标的重要途径。它不仅关注学生的学业成绩，更重视学生的个人成长和全面发展，使作业成为学校教育中不可或缺的一部分，有助于学生形成终身受益的学习能力和责任感。

第二节　合同作业的关键特征

在合同作业中，教师整合一个周期的学习任务，以"合同"的形式呈现给学生。师生经过共同商讨和调整，达成一致，再由学生自主规划和管理作业任务。因此，合同作业还具备以下三个关键特征。

一、作业责任相互约定

有别于以往"老师布置任务，学生被动完成"的实施方式，合同作业是一份师生双方认可的"合同"，是师生就作业达成的一致"约定"，并将作业总量显性量化。

学生在教师的带领下浏览合同作业内容，然后各自发表对这份作业的看法和意见。师生合力修改，达成一致后形成此次合同作业。之后，学生可根据自己的学习兴趣和能力需求，选择符合自身发展的分层作业或者拓展作业。每一份合同作业中，都会印上一段承诺语。在师生约定好之后，学生需要郑重签名。签上名字即意味着对作业内容的认可和对作业责任的承担（见图2-2）。

温州道尔顿小学
WENZHOU DALTON ELEMENTARY SCHOOL

我承诺，我会根据自己的学习情况与个人目标，合理规划，及时完成学习任务。

签名：＿＿＿＿＿＿＿

图2-2　合同作业的承诺语与签名

在合同作业中，师生还需共同约定"违约条款"。即学生如果在约定周期内未能履行合同作业义务，需承担继续履行、采取补救措施或者赔偿损失等违约责任。在这一部分，学生可针对自身特点，个性化选择具有一定约束力的违约条款，如取消自由游戏时间、为班级义务服务一周，增加相应家务等能督促自己的条款。师生达成一致后，在合同里做详细约定，以更好地督促学生承担合同责任。合同作业的约定路径见图2-3。

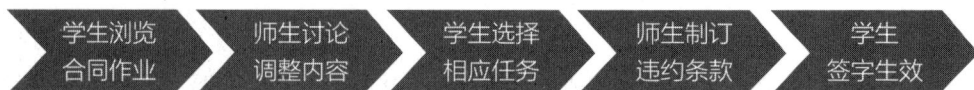

| 学生浏览合同作业 | 师生讨论调整内容 | 学生选择相应任务 | 师生制订违约条款 | 学生签字生效 |

图2-3　合同作业的约定路径

二、作业内容个性化

不同于传统作业的"一刀切"模式，合同作业中，学生可根据自身的学习兴趣和能力需求，选择相应的学习任务，制定适合自己的学习路径。

在同一目标下，学生可以个性化制订学习路径。在合同作业中，各学科教师会根据阶段性学习目标，为学生设计相应的作业任务。在相同的学习目标下，学生可以个性化选择配套学习任务，发挥自己的长处，补充短板，制订个性化的学习任务方案。这就是自我决定理论强调的学生的内在动机和对学习的自主控制是学习成功的关键因素。个性化学习路径也符合元认知理论提出的，通过学生自我监控和自我调节来优化学习过程。

例如，在三年级英语的一份合同作业中，学习目标是"成为学校代言人，向他人介绍自己的学校特色"（见图2-4）。在完成这个学习目标的过程中，学生可以根据自己的兴趣和特长，定制自己要介绍的对象、主题以及介绍方式。同时，学生可以根据自身的学习节奏，灵活设定每个任务需要的完成时间（见图2-5、图2-6）。

All about Dalton Voice

项目名称	I am Dalton Voice
解决问题	怎样综合运用语言，进行有目的的口语表达
驱动性问题	怎样做一名道尔顿小学代言人，向他人介绍学校的特色呢？
项目目标	1. 复习1~3单元话题下相关的词汇与句子。 2. 能够综合运用话题相关的词句，介绍道尔顿小学特色。 3. 发展合作、沟通、探究能力。
关联学科	英语
项目年级	三年级

I am Dalton Voice

Boys and girls, we all love Dalton. Let's be the Dalton Voice to show our Dalton life.

小朋友们，让我们做一名道尔顿小学代言人，向他人介绍我们的学校吧！

My Project Plan				
Why to do?	I want to introduce Dalton to _____			
What to do?	☐Subjects　　　　　　☐School rooms ☐After school activities　☐Special events*			
How to show?	①Do a presentation（2 minutes） ☐Make a video　　　　☐Make PPT ☐Make a poster　　　☐Make a mini-book			
Our plan	制订计划 梳理词句 Step 1	收集信息 制作导图 Step 2	完成初稿 组内交流 Step 3	班级展示 调整完善 Step 4
				Let's show!

图2-4　三年级 Dalton Voice合同作业样例

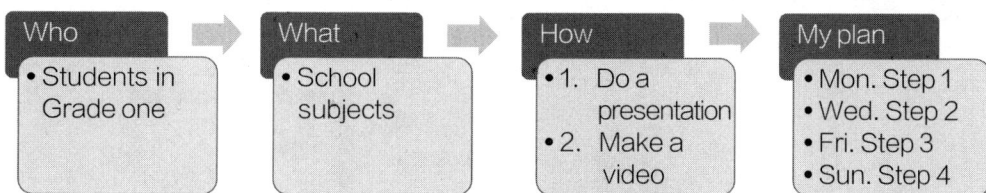

图2-5　学生个性化学习路径样例1

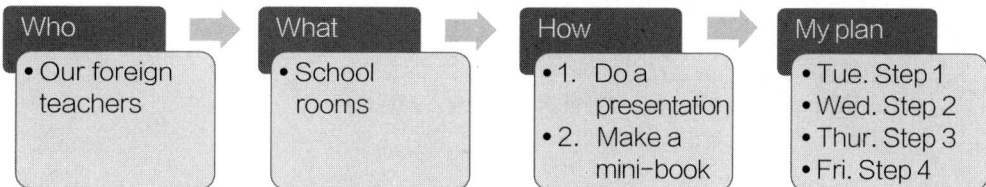

图2-6　学生个性化学习路径样例2

由于学生个体之间存在学习差异，学习目标会有所不同。因此，教师会灵活调整学习任务，为学生私人定制作业内容及任务，以适应他们不同的学习目标和能力水平。在确定部分学生已经掌握了一个单元所有基础内容的情况下，教师为他们提供更有挑战性的学习任务，避免出现重复机械的内容。确保每位学生在个性化学习中都能取得积极的学习效果。

三、作业规划自主安排

在合同作业中，作业的规划权是完全开放的。一旦学生了解了合同中的学习内容和任务，他们便可以利用合同上的规划表，开始自主规划作业。在规划过程中，学生需要综合考虑周期内在校和在家的学习计划，并根据自己的学习习惯和方式做出最合适的安排。

在规划的过程中，教师起着引导和指导的作用。我们鼓励学生与同伴和教师相互分享自己的计划，开展讨论和反思。这样的分享让学生有机会从他人的规划中获得启示，并思考是否需要调整和完善自己的计划。这种讨论不仅促进了学生之间的合作与交流，还培养了学生的批判性思维和自我反思能力。

通过自主规划作业，学生逐渐形成自我管理和自主学习的意识。他们学会了在时间和资源有限的情况下，合理安排和分配任务，提高了学习效率和自律性。同时，这种开放式的规划也激发了学生的学习动力和积极性，因为他们能够根据自己的兴趣和需求，选择更具吸引力的学习内容和方式（见图2-7）。

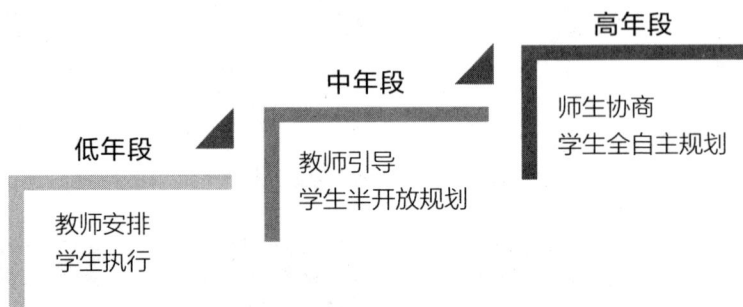

高年段
师生协商
学生全自主规划

中年段
教师引导
学生半开放规划

低年段
教师安排
学生执行

图2-7　各学段学生自主规划途径

总体而言，合同作业中的开放式规划赋予了学生更多的学习自主权，激发了他们的学习热情和创造力。同时，教师的引导和指导确保了学生在自主规划中不至于盲目或过度。这样的合同作业模式培养了学生的学习自主性和能动性，为他们未来的终身学习奠定了坚实的基础。

第三节　合同作业的主要类型

遵循合同作业设计的结构和要素，根据不同的学习场景需求，我们设计了不同类型的"合同作业"材料来满足学生的学习需求。"合同作业"按不同维度可分为六大典型模板。不同的合同作业指向不同的学习目标。从学科内容维度可分为单学科合同作业、多学科合同作业、跨学科合同作业，重在培养学生对学科的深入学习，以及实践创新与解决问题的能力；从学习方式维度，可分为主题学习合同作业、假期合同作业和私人订制合同作业。不同的班级，有特殊需求的个体，都可以特制属于自己的专属合同作业，从而实现差异化学习。

一、订制标准化合同作业

1. 多学科合同作业

多学科合同作业就是将所有学科的作业和学习任务整合在同一份合同上。低、中年段的作业就是多学科的合同作业。这样的合同作业既便于班主任对学科作业量进行统筹管理，同时也可以让学生、家长了解一周内各学科的作业内容。这种合同作业在不同的学段还有不同的重点培养目标。

低年段的多学科合同作业，重点是培养学生守信和自律的品质。因此，作业内容除了包含各学科的常规作业，还涵盖了低年段学生良好品德和行为习惯的培养。不同的班级可以借助自身班级文化的内容，在合同中设计可视化的班级德行习惯的任务和评价内容。

例如，对于一、二年级的学生，由于他们的识字量有限，缺乏作业规划的能力，因此作业多以图示的形式体现，学生只需填写简单的数字或代号即可完成，使作业内容清晰明了、易于使用。同时，每份合同作业还为班主任提供了展示班级文化的空间。例如，合同作业中可以设定一周的行为规范重点目标，如说温暖的话、认真听讲、及时修正等。学生需要根据这样的行规目标进行任务设计和自评记录。合同作业中还增加教师评价和学生互评，以推动学生达成行规目标。对于中段的多学科合同，由于学生已具备一定的自主学习和规划能力，合同不仅呈现行规方面的班级文化，还增加了规划版块。学生需要根据各个学科的学习安排和学习任务，开始学习自主规划。从每日规划开始，再逐步过渡到高年段的一周规划。

多学科合同作业能够将个体学生所有学科的任务集中整合在统一的合同材料中。不仅让学生能够整体了解自己在这个时间段内的所有任务，还能够让各学科的教师转换单一学科视角，从"学科"视角转为"学生"视角。让每一位教师看到所有学科的任务，从而充分理解个体学生的作业量。各个学科能够更好地协同制订学生的整体学习任务。

多学科合同还需要学生逐步理解学习内容，提取关键信息，再根据这些"作业消息""学习咨询"来规划和安排自己的时间，管理自己的学习。通过逐步开放学生的规划权，让学生在学习中扬长避短，选择适合自己的学习路径，实现个性化和差异化的学习。

2．单学科合同作业

随着年级的升高，学科知识愈加复杂，学生的认知水平也在不断提高，多学科合同作业不再能满足高年段学生对单个学科的深入学习。因此由本学科教师设计单学科的合同作业能够更好地满足高年段学生的需求。

单学科合同作业的应用，推动了各个学科对作业如何支持学生学习全过程的深入思考。每个学科根据自身的特点和学习要求，精心设计了适合高年段学生的单学科合同作业。这些合同包含学习目标、学习任务、参考资料、学习策略、评价反思等内容，旨在更好地帮助学生进行自主学习。此外，单学科合同作业还配套一份整理规划单。整理规划单综合了各学科的一周任务，学生需要结合各学科的合同作业、自己的课外学习时间以及强弱学科等因素，自行规划和设计一周的作业安排。完成规划后，学生将其交由教师认定和指导。

3．跨学科合同作业

随着教育理念的不断发展，学校教师开始思考如何在大单元整合教学设计的基础上，为学生明确学习的目标、计划、任务和评价，促进学生的自主学习。同时，如何在项目化学习中为学生提供更好的学习支架，提高学生对项目作业的执行和完成度也成了教学关注的重点。在这样不断深入研究的基础上，跨学科合同作业这种学习模式逐步发展起来，如项目式学习合同作业——"逃离地球项目合同""我是桌游设计师项目合同""我是传统文化代言人项目""不插电的计算机项目合同"等。

二、特殊合同作业

（一）主题学习合同作业

"主题学习"是指学生围绕一个或多个经过结构化的主题进行学习的一种学

习方式。这种学习往往历时较久，需要充分的规划能力和自律能力。主题学习合同作业包含：学习成果、学习过程设计、学习过程安排、学习反思等。

（二）假期学习合同作业

寒暑假等假期作业是最好的作业育人实践场域。每逢寒暑假，学校便以"假期开心密码"的形式，整合寒暑假的各项作业任务，学生借助"假期开心密码"提供的"活动支架"，自主规划、相互约定、有序管理。假期学习合同作业让作业的设计和实施能够回归科学的教育规律，并将作业的内涵指向学生独立自主学习能力的培育。

三年级寒假密码

（三）私人订制学习合同作业

除常规的标准合同作业外，教师还为学生"私人订制"合同作业。私人订制的作业依据学生发展的个性特征确定，教师与学生商定后，共同设计专属学习合同，以满足学生的个性化学习需要。学生不需要按照千篇一律的学习内容来学习，可以自己制订学习的计划，确定学习的节奏，订制学习的内容（见图2-8）。

李轩宇数学学习私人订制合同

学习目标：

学习目标	评价
1. 对三到五年级计算部分的内容进行复习，掌握计算的算理，并进行熟练计算，提高计算能力；	☆ ☆ ☆ ☆
2. 能选择合适的方法进行计算（口算、估算、笔算、简算）；	☆ ☆ ☆ ☆
3. 对解方程进行整理与复习，能灵活选择算术法和方程法解决问题。	☆ ☆ ☆ ☆

学习内容及进度安排：

册数	单元	预计完成时间
三上	第二、四、五、六单元	两个星期
三下	第二、四、五、七单元	三个星期
四上	第一、四、六单元	三个星期
四下	第一、三、四、六单元	三个星期
五上	第一、三、五、六单元	四个星期
五下	第二、三、四、六单元	四个星期

学习建议：

①先自主复习（或观看微课）课本例题计算的算理
②再完成做一做巩固练习
③适当选择练习进行强化巩固
④到校跟进掌握情况

我承诺：以上内容我已认真阅读，我会根据对自己的要求，对自己的学习负责任。
我的签名：_____ 家长签名：_____

图2-8 私人订制合同样例

第四节　合同作业的实施策略

作业本质上是没有教师指导的、学生自主学习的过程。在这个过程中，学生需要独立完成学习任务，探索解决问题的途径，培养自主学习和自我管理的能力。因此我们通过不断实践，讨论制订了合同作业的实施策略——TPOR模型。

一、TPOR模型

在合同作业中，我们遵从自主学习的四个进阶环节：明确目标（Target）、自主规划（Plan）、组织学习（Organize）和反思调节（Reflect）。在这四个环节组成的学习闭环中，学生主动了解作业，分析作业内容，思考如何重组和均衡一周的任务，不断地积累个人自主学习经验，发展个性化的学习路径，进而加深对自我学习习惯、策略方法的认识和训练，从而更好地组织和规划自己的学习，逐步提升自主学习的能力（见图2-9）。

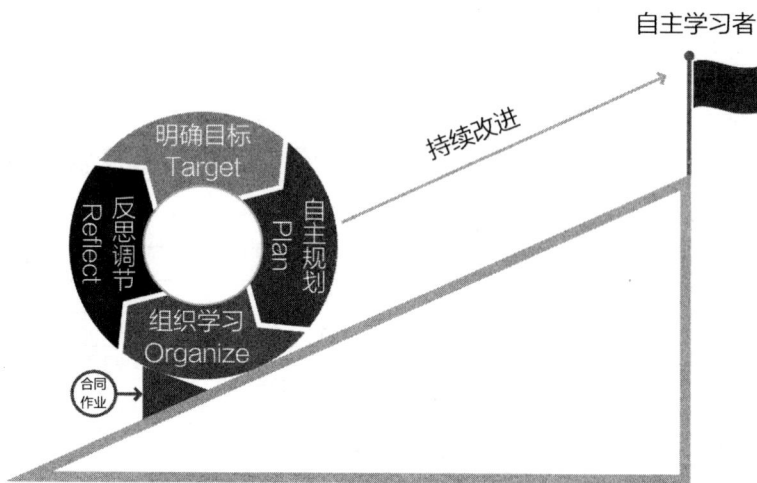

图 2-9　TPOR实施模型

首先，明确目标是学生自主学习的起点。学生在完成合同作业时，需要明确具体的学习目标和任务。这就需要学生认真审视作业要求，理解任务的目的和重要性，预估自己一周的工作量。在这个阶段，教师可以与学生一起讨论，帮助学生梳理思路,明确学习目标,并给予必要的指导与启发。

其次,自主规划是学生自主学习的关键。在明确目标后,学生需要制订学习计划,确定学习内容、学习方式和学习时间。学生可以根据自己的学习习惯和兴趣爱好,灵活选择学习资源和学习工具,制订合理的学习计划。在这个过程中,教师可以提供学习建议和资源支持,引导学生学会制订高效的学习计划,从而培养学生的自主规划能力。

再次,组织学习是学生自主学习的实践过程。在自主规划的基础上,学生需要积极组织学习,按照计划开展学习活动。学生可以利用图书馆、网络、学习小组等多种途径获取学习资料,进行知识积累和学习实践。在这个阶段,教师可以担当导航者和支持者的角色,帮助学生找到适合自己的学习资源和学习途径,指导学生克服学习困难,增强学习信心。

最后,反思调节是学生自主学习的收尾环节。学生在完成作业后,应及时对自己的学习过程和学习成果进行反思。学生可以回顾自己的学习计划是否合理,学习过程是否高效,学习成果是否达到预期目标。在反思过程中,学生可以总结经验教训,发现不足之处,并及时调整学习策略,改进学习方法。教师可以与学生一起进行反思交流,帮助他们发现问题和成长点,激发他们自我反思的能力。

通过这四个环节的循环实践,学生逐渐养成自主学习的习惯。他们能够主动选择学习内容和学习方法,合理安排学习时间,善于利用学习资源和工具,形成螺旋式上升的学习过程。在这个过程中,学生不断提升自主学习的能力和质量,培养自我探索、自我学习、自我管理的能力。同时,学生也变得更加积极主动,并敢于与教师协商交流,共同推动学习进步。

二、TPOR模型的年级差异化实施

实施TPOR策略时,我们特别强调学生在作业过程中的自我管理能力和学习习惯的培养。因此,合同作业根据不同年级学生的认知能力差异和身心发展特征进行了差异化设计。包括为不同年级的学生设定分层的合同作业,为同一年级内不同能力的学生提供层次化的任务,并且在不同的学段实施不同的执行方式与评价标准。这种做法是合理且科学的,旨在有效地指导学生的学习过程。

例如,合同作业中的"生活和品行约定"这一板块就体现了不同年级的差异化实施。对于一年级的学生,可以从最简单的要求开始,引导学生学会自己处理自己的事情，如自主使用洗手间、喝水、洗手、睡眠等。这些看似小事，却是孩子入学后最为重要的生活细节。合同作业就是从最为简单、可行的具体行为要求开始，按照学生年龄与学段的发展而不断提升。如此，学生从入校那一刻起就开始了解契约的意义，随着年龄的增长和学习的深入，学生的契约意识被循序渐进地培养起来，契约精神也在无形之中形成。

TPOR模型旨在培养学生的自主学习能力和学习意识。虽然TPOR模型的基本构成在不同学段间保持一致，但在实际应用中，由于学生认知水平和学习需求的差异，各学段在TPOR模型的实施上存在一些差异（见表2-1）。

表2-1 "TPOR"模型学段目标

年段	明确目标 Target	自主计划 Plan	组织学习 Organize	反思调节 Reflect	关键能力
低年段	教师制订 学生了解	教师制订 学生施行 每日计划	在教师指导下 学习	教师引导 每日反思 家长一起 每周反思	☑ 内驱力 ☐ 规划力 ☑ 学习力 ☑ 自控力 ☐ 反思力
中年段	教师制订 学生选择	师生协商 学生制订 教师指导 自主每日规划	在教师指导下 自主学习	利用支架 每周自主反思	☑ 内驱力 ☑ 规划力 ☑ 学习力 ☑ 自控力 ☐ 反思力
高年段	教师制订 学生选择/制订	师生协商 学生制订 教师指导 自主一周规划	学生自主 学习为主	自主反思 自我调整	☑ 内驱力 ☑ 规划力 ☑ 学习力 ☑ 自控力 ☑ 反思力

（一）低年段（一、二年级）

在低年段，学生的认知和学习能力还处于初级阶段，他们对学习目标的理解相对较浅。因此，教师在实施TPOR模型时，需要将目标设定得更加明确具体，并以趣味性和可视化的方式呈现，让学生能够更容易理解和接受。例如，可以通过故事、游戏等形式，将学习目标融入生动有趣的情境中，激发学生的学习兴趣。

在计划环节中，教师需要起到引导和辅助的作用，帮助学生制订简单明了的学习计划，如每天完成一定的学习任务或练习。学生的计划能力较弱，因此需要教师帮助他们拆分学习任务，确保学习目标的逐步实现。

在组织环节中，教师需要起到指导和帮助的作用，教师可以设计一些学习组织活动，让学生在合作中完成学习任务，培养学习合作意识。同时，教师应该及时地给予学生反馈和鼓励，帮助他们建立自信心，积极参与学习活动。

在反思环节中，低年段可以进行简单化处理，教师可以通过问答、小组讨论等方式，引导学生回顾学习过程，总结学习经验，并帮助他们找到解决问题的方法。这样的反思过程能帮助学生看到自己学习的进步，增强学习动力。

（二）中年段（三、四年级）

在中年段，学生的认知水平和学习能力逐步提升，对学习目标的理解更加深入。教师在目标设定时可以逐渐增加学生参与的机会，让学生更多地参与目标制定的过程，从而激发学生的学习主动性。

在计划环节中，教师可以引导学生学会自主制订学习计划，根据学习目标和自身时间安排，合理规划学习进程。学生在计划过程中，应该逐渐学会自我调节学习进度，确保学习计划的实施。

在组织环节中，学生的学习组织能力应该逐步提升，教师可以通过分组合作、小组竞赛等方式，鼓励学生自主组织学习活动，培养学生的学习领导力和合作能力。

在反思环节中，中年段可以深入一些，学生可以通过写作、口头表达等方式，对学习过程进行深入思考和总结。教师可以提供更加具体和深入的反馈，帮助学生发现自己的学习优势和不足，并给予进一步的指导。

（三）高年段（五、六年级）

在高年段，学生已经具备一定的自主学习能力，能够较为独立地进行学习。因此，在目标设定上，教师可以鼓励学生制定更加具有挑战性的学习目标，培养学生自主学习和自我挑战的意识。

在计划环节中，学生应该完全独立制订学习计划，教师可以在学习计划方面提供必要的指导和建议。学生应该逐渐学会合理规划学习时间，合理安排学习内容，确保学习计划的合理性和可行性。

在组织环节中，高年段更加强调学生的独立性，学生可以自主组织学习小组或学习社群，进行合作学习和资源共享。教师可以充当指导者和参与者的角色，与学生共同探讨学习问题和解决方案。

在反思环节中，高年段应该更加系统和深入，学生可以通过小论文、学习报告等形式，对学习过程和学习成果进行深入分析和总结。教师可以在反思环节提供更加专业和深入的指导，引导学生形成批判性思维和学术意识。

TPOR模型在不同学段的实施会根据学生认知水平和学习需求的差异而有所不同。在低年段，教师需要更多地起到指导和辅助的作用；在中年段，教师可以逐渐增加学生的参与度；在高年段，教师应该更加强调学生的自主性和独立性。TPOR模型指向学生的差异性发展，逐步培养学生的自主学习能力，让学生不只是具有"类"的意义，更是对"个"的最佳诠释，让各不相同的每一个孩子都有差异地获得最佳发展。因此，将TPOR模型落实到实际教学中，既能体现学校教育理念与学生的匹配性与适切度，也有助于提高学生的学习效果和学习自觉性，为未来的学习和发展奠定坚实的基础。

三、合同作业实施的空间样态

要让作业能在一种相互信任和自由的环境下进行，作业的空间样态设置极其重要。一所学校的教学空间应同时具有教育功能和人文功能，既能充分满足学生成长的需求，也能支撑学校特色课程的开展，这需要整合教育学、心理学、艺术学、文化学和建筑学等多种学科知识进行设计。

借由合同作业的推行，学校正在逐渐构建一个包容多元的学习空间。我们认为，教学空间不应该仅是建筑师艺术旨趣的物化表现，更应该作为教学活动的载体，体现"儿童中央，整理引领"的深层属性。带有滑梯的一年级教室、低段敞开的阅读区、随时邂逅的校园音乐会……道尔顿校园的每处空间都是学生的舞台，处处体现着学生的自主学习意识、休闲意识和成长意识。学校在公共空间精心设计了不同的体验场景，让学生在自由玩乐中发挥奇思妙想，表达自己的个性态度。道尔顿校园"教育+资源融合"空间，以学生为中心的环境设置打破了教育空间的壁垒，引导学生成为独立自主的学习者。这样的学习空间创造了一个共同学习的场域，让校园环境有温度，让学生学习有张力，并以此推动学生和教师的共同成长（见图2-10）。

图2-10　一年级滑梯教室

　　校园内不定时举行的音乐会，为学生提供了展示自己音乐才华的平台。在这些音乐会上，每个学生都是主角，无论是在舞台上表演，还是在台下聆听，都在享受音乐带来的乐趣。这些音乐会不仅丰富了学生的校园生活，还培养了他们对艺术的欣赏能力和创造力（见图2-11）。

图2-11　校园午间音乐会

　　学校精心设计的公共空间，像是一个个小型展览馆，让学生在玩乐中学习，在学习中成长。每个空间都有其独特的设计理念，不仅满足学生的学习需求，还激发他们的探索欲和创造力。这些空间的设计理念是"教育+资源融合"，在这样的环境中，学生不再是被动的学习者，而是主动的探索者（见图2-12）。

图2-12　艺术长廊

通过这样的学习空间设计，我们的学校创造了一个充满活力和创新的教育环境。学生在这里不仅学习知识，更学会了如何学习，如何与世界互动，如何成为独立自主的学习者。这样的学习空间让学习变得生动有趣，让学生在快乐中成长，促进了教师和学生的共同发展。我们相信，这样的空间设计和构建，可以激发出学生无限的潜能，为他们的未来打下坚实的基础。

📢 **小贴士**

本章是对合同作业的概括式介绍。

（1）不同学科可以根据学科特点对合同作业的要素进行选择和调整。

（2）合同作业的实施需要从上至下集全校之力共同努力，还需要有专属部门牵头实施推进，否则很容易无疾而终。

（3）"整理课"是温州道尔顿小学的特色课程，整理课研究成果曾获浙江省优秀成果一等奖，基础教育国家级教学成果二等奖，在省内外乃至全国产生了极大的影响。每天最后一节课，让学生像整理家务一样整理自己的心情，整理学习材料、学习内容、学习方法等，逐步建立个性化学习策略和养成可持续发展的行为习惯。"合同作业"与"整理课"相辅相成，如果能共同实施，实为上策。

💬 学生感言

　　合同作业中我最喜欢的就是规划部分，因为可以不像其他学校那样每天布置作业。我们可以按照自己的进度安排，自己规划得很清楚，我自己就能做完作业，做得也很好。而且，合同作业上还有一些运动的作业，我特别喜欢。

——2017级1班　金典

　　合同作业有三个板块，还有关于阅读的一些书单和评价。我觉得对我帮助最大的是"规划"这一部分，因为我每天在写作业的时候都会把合同作业拿出来对照，看自己完成了哪些，再根据规划去完成任务。我把这个规划当作备忘录，我会把一些容易忘记的事情都记在规划里面。把合同放在自己的书桌旁边，看着自己安排好的任务一项一项地做。

——2015级1班　叶伽禾

　　学校的合同作业能让我更明确地知晓本周的学习内容和学习任务，更合理地规划安排自己的时间。在完成学业的同时，我还有很多自主支配的时间，去做自己喜欢的事。合同作业让我的时间管理能力和自我反思能力变得更强，能够更自信地去挑战即将到来的中学生活。

——2018级1班　林涵睿

　　我们的合同作业上都会有相应的工作量，比如说作业本一页是0.5个工作量，我们每个星期是六七天的工作量。语文的合同作业有时候会有选做的，所以有些同学会多一两个工作量。把常规的作业全部做完之后，如果还有时间，我们就可以再多完成一些作业。而且我们是不会再额外增加作业的。即使是假期，也是跟普通作业量一样，因为我们已经签下了合同，老师不会再增加作业。

——2015级3班　陈瞳心

第三章

多学科合同作业的整合与实施

低年段学生年龄尚小，行为不稳定，不善于自我控制。他们自理能力较弱，常常会出现丢三落四的情况。这个年龄阶段的学生，当面对多个科目教师的作业时，常常会出现忘记作业或记不全作业的现象。我们可以做点什么来改善这种现象呢？

本章将专注于探讨为什么需要在各学科间整合作业，然后逐步深入多学科合同作业的具体设计和实施策略，为读者呈现全面的、多维度的教学视角。

第一节　作业整合的必要性

一、契合"减负提质"的时代需要

作业是教育过程中非常重要且有效的一环，它如教育成果检测的最后一道关卡，直接检验了教学过程中的课程目标能否真正达成。然而，长期以来，在升学压力的背景下，很多教师习惯于应试教育，认为多做题才能提高学业成绩。这种观念反映到实际教学中，容易忽视学生因完成作业时间过长而带来的不良后果，如睡眠时间减少对学生身心健康的不利影响、听课效率的下降、学生对学习的厌倦，等等。

为了减轻基础教育阶段学生的学业负担，教育部制定和颁布了专门的作业政策，对作业设计、布置和管理提出了更高的要求。中小学严格控制书面作业的总量，提高作业设计的质量。为确保每天布置的家庭作业适中，学校需要建立可行的作业布置机制，我们的多学科合同作业因此应运而生。

多学科合同作业关注各学科内容，关注学生有差异的学业水平和学习方式，通过精选和整合作业，实现减负而不减质。多学科合同作业促进了教师之间的合作和共同探索，为学生提供了更有针对性的学习任务和个性化的评价标准，激发了学生的学习兴趣和创造力，提高了学生学习的效果和质量，更好地促进了学生的全面发展。

二、符合低中段学生的心理需求

低年段学生有诸多心理需求，因此作业的整合变得尤为重要。学生年龄尚小，行为不稳定，不善于自我控制。他们更注重玩乐，自理能力较弱，常常会出现粗心、丢三落四的情况。在课堂上，他们常常找不到笔、尺子、作业本等物品，在忙乱寻找中耽误了时间。此外，他们也不擅长整理物品，书桌上一片混乱，在这个年龄阶段，面对多个科目教师布置的作业，学生往往会感到困惑，难免有所疏忽。

传统的作业布置方式导致作业成为家长和教师的事情，忽略了学生的主体地位。低年段学生在作业上的失误更多是因为他们难以掌握行为规律，例如，学生可能根本不知道有这个作业，或者彻底遗忘了某些作业。如果各科目的作业能够清晰地呈现在一起，学生只需要确认并完成即可，相信这种"丢三落四"的现象必将大大减少。多学科合同作业的作用就是将一周的作业整合在一张合同上，清晰地列出作业的内容。学生每天只需按照合同作业上的学习任务认真完成、确认，并进行评价和反思就可以了。

合同作业以表格形式呈现一周的学习进度和任务，这有助于学生发现其中一些养成性作业的规律性。例如，语文课前需要进行预习，学完后要进行复习，在周末可能会有写作练习，每天还要坚持阅读。学生在每日的多学科合同作业确认中，会逐渐发现这些规律，这对培养低年段学生良好的学习习惯大有裨益。

通过作业的整合，可以满足低年段学生的心理需求，帮助他们更好地完成作业。合同作业的清晰呈现和任务整合有助于学生掌握作业内容，减少疏忽和遗漏。同时，合同作业也培养了学生的自律性和责任感，让他们能够更好地完成每项任务。通过合同作业的使用，学生能够建立起良好的生活习惯和学习习惯，为自己的学习成长奠定坚实的基础。

第二节　多学科合同作业的设计

一、多学科合同作业

"多学科合同作业"就是将语文、数学、英语、科学等学科的一周作业整合到一份合同中，同时，还包含了各学科教学的一周学习进度安排。

这份合同作业就像是一个支持学生自主学习的导航单。学生们可以像厨师一样借助导航单，挑选自己喜欢的菜式，制作适合自己的、营养搭配全面的菜谱。其中，每周、每天的食物摄取量即每周、每天的作业总量，是有固定标准的。食物供应商即各学科授课教师，会按照教学进度提供相应的作业。学生通过合同作业能够全面了解一周内所有学科的课堂学习内容和课后作业任务。教师还会在合同上明确标注各项作业的提交期限和工作量。

教师在布置作业时，会系统地考虑本学科的常规基础作业，确保作业类型、内容和时间的常规化和体系化。同时，教师之间会进行沟通和协调。合同作业就像共享文档一样，教师可以依据各学科的作业量，适当增减自己的学科作业，以控制作业总量达到统一的标准，并且能更好地协调作业的要求和时间安排，确保作业的合理性和高效性。

总的来说，多学科合同作业通常包含如下重要特点：周期性、多学科性和契约性。从时间来看，它通常以一周或一个项目为单位进行安排；从内容来看，它涵盖了语文、数学、英语、科学、体育以及行为品德任务；从自主性来看，它以师生之间共同达成的契约为前提，让学生能够自主进行作业规划和管理。

多学科合同作业的实施需要各学科教师之间的密切合作和有效沟通，以确保各学科作业的"质"和"量"。根据低中年段学生的心理特点，教师对学生要提供必要的指导和支持，帮助学生理解合同作业的要求和目标。同时，根据学生的实际情况进行个性化的辅导和指导，帮助他们克服学习困难，取得更好的学习成果。

二、多学科合同作业的设计要点

（一）关照多维目标

合同作业的内容统整有助于推动学生发展综合素质。它不仅能对学科学习内容进行练习和巩固，还能从每个学生全面发展的角度进行整体规划和设计。除了常规的学科作业，合同还整合了学生的品德发展和课后健康生活。例如，一些班级在合同作业中加入了每日的"温暖自己，温暖他人"记录表，来培养孩子良好的品德。同时，合同作业还关注学生的阅读和运动习惯，促使他们重视自身的体质健康，培养健康观念。

从一周学习目标来看，合同作业呈现了学习从预习到复习的闭环过程。一周的合同作业将所学内容和任务展现出来，有助于学生对本单元学习有整体认知，并培养自主安排学习计划的能力。

从学期目标来看，合同作业是根据各学科的课程纲要进行的。课程纲要是根据年段课程目标梳理的本学期的学习目标、内容、评价和实施策略等。合同作业的制订是在课程纲要的统领下进行设计与实施的。

"多学科合同作业"还细分为"低年级合同作业"和"中年级合同作业"，以适应不同学段学生的特点和需求。对于低年段的学生而言，合同作业由教师制订，学生按照指导进行学习，同时在教师和家长的引导辅助下完成任务。这一阶段的重点在于培养学生的学习内驱力和自我控制力等。而对于中年段的学生来说，在教师制订合同作业后，学生需要参与选择作业的具体内容和形式，通过师生双方的协商来推进。在教师的指导下，学生进行自主学习，并利用学习支架进行每周的自主反思。此阶段的重点在于培养学生的内驱力、规划能力、学习能力和自我控制力。

（二）关照学生差异

在道尔顿小学，作业的规划权是开放的。从教学的角度来看，我们是有固定的学习进度的，但我们也明白每个学生都是独特的个体，差异是客观存在的，因此他们的学习进度也会有所不同。我们要正视这种差异，并在一定范围内关注到每个学生，让他们有自由发展的空间，这就需要教师为学生提供足够的自主学习空间。

合同作业的实施在一定程度上考虑到了学生不同的学习进度和能力。从一年级开始，我们就培养学生自主规划的能力。在这个过程中，我们让学生主动了解作业内容，分析作业任务，思考如何合理分配和平衡每天的任务。学生学会利用在校时间和学校资源，优先解决困难问题。他们能够结合自己的学习兴趣、习惯和方法，合理安排和管理作业任务。通过自主制订和适当调整计划，学生的学习规划变得更加完善，实施也更加有效。这样，学习能力较弱的学生可以提前安排更多的时间认读和记忆，只要在规定的时间内完成任务就可以了。而学习能力较强的学生则可以提前安排自己的学业，以便获得更多的可供自己支配的时间。

合同作业的最大优势在于它充分关注到了学生的个体差异，尊重每个学生的独特性和学习需求。与传统的统一布置作业的方式相比，契约式的合同作业赋予了不同水平学生足够的学习主动权。通过合同作业中的承诺签署、工作量设置、自主作业和作业提交时间提前告知等措施，给予学生更多的学习自主权。

以约定的形式签署承诺，赋予了学生在作业中的主体地位和主要责任。而约定的过程让学生充分感受到被尊重，减轻了学生的抵触情绪和负担。每周的合同作业都要经过学生充分阅读、理解、讨论和签署的过程，学生写作业的积极性和完成度大幅提升。

（三）关照工作总量

在传统做法中，作业布置通常是根据教师自身的教学进度和内容来进行的，很少考虑其他学科教师的作业任务量，这容易导致作业量过多或过少的问题。如果当天的任务量很大，学生可能需要延迟完成作业，这可能会影响到第二天的学习进度；而草率地完成作业则无法起到作业应有的作用。

多学科合同作业从根本上解决了这个问题。在制订合同作业的过程中，教师需要综合考虑各学科的作业任务量，从整体的角度思考如何平衡各科作业任务，这促使教师更深入地研究作业内容的质量。有了这样全面的考量，学生的学习任务得到了自上而下的规范，作业的量必然下降。学生也就拥有更多的可支配时间发展综合素养，这对学生的全面发展有着积极的影响。

（四）关照闭环系统

借助合同作业，教师可以引导学生完成一个完整的学习闭环，包括规划学习任务、执行学习计划和反思学习效果。通过发布合同作业，学生可以提前了解一周内的学习和作业安排，使自己对学习任务有清晰的认识和掌握。学生可以根据合同作业中的安排，合理规划每天的学习任务，并有序地完成。随后，教师带领学生对完成情况进行及时的自我整理和反思，总结适合自己的学习方式和方法并为下一阶段确立新的目标。此外，家长在"留言板"上可以为孩子留下肯定和鼓励的话语，进一步增强学生的自信心和学习动力。这种闭环的方式有助于学生建立自主学习的能力和习惯，从而提高学习效率，激发学习动力。

三、多学科合同作业的基本样例

多学科合同作业主要适用对象为一年级到四年级学生。根据每个年段学生的不同学情特点，我们有针对性地设计了不同年段的多学科合同作业样例，每一个样例之间都有着一定的内在联系。同时，我们也可以看到样例的每一次改变，都是以培养学生成为独立自主的学习者为最终目的。

（一）一年级多学科合同作业样例

一年级学生刚入学，识字量不大，处于形象思维主导的阶段，最初的合同作业主要以图文相结合的方式呈现。合同作业分两个板块的内容：基础任务区（常规作业）和每日任务区（每日任务），并给出完成的参考时间。通过这样的支架，学生可以逐步进入契约合同作业的模式中（见图3-1）。

一年级上册小水滴学习任务单（一）

2018年9月17日—9月24日

姓名_____

　　亲爱的小小水滴们，这一周我们将学习识字2、3、4、5课。下面是我们这一周的作业单，老师希望你在语文学习中能有计划地、主动地去完成作业单。老师期待着、关注着你的点点滴滴的进步哦！加油！

01　常规作业

每日分享：今天你学到了什么？

常规作业	周一	周二	周三	周四	周五	周六	周日
跳绳 1分钟/次　共3次							
亲子阅读 半小时以上							

01　每日任务

9月17日（周一）	读得很熟练	读得熟练	读得不够熟练
读识字2			
读儿童诗《大山爷爷》			

给我们的新书穿上漂亮的衣服！

9月18日（周二）	读得很熟练	读得熟练	读得不够熟练
读背识字3			
背儿童诗《大山爷爷》			

比比谁的名字最漂亮！（读读同学的名字，写写自己的名字）

图3-1　一年级上册小水滴学习任务单

45

经过一段时间的课程，孩子们逐渐适应了小学生的角色，于是第一份真正意义上的多学科合同作业孕育而生。它主要分三个部分：学子特质自评、本周学习内容和学习任务规划。考虑到低年段学生的年龄特点，合同作业的设计必须简单、易操作。

1. 学子特质自评区

学子特质是育人目标的一个重要板块，我们将其直接融入合同作业之中。在每天的整理课中，学生拿出合同作业就可以先进行学子特质的反思自评，再进行学业整理的流程。一年级学生的学习任务较简单，类似于打卡任务，适合用表格的形式进行统整。这样看上去清晰明了，操作起来非常方便（见图3-2）。

小Honey班特质少年自律篇（第9周）

姓名：_____

我本周的目标是：1. 课间及时锻炼　2. 保持卫生整洁

目标		星期一	星期二	星期三	星期四	星期五
课间及时锻炼		①②③④	①②③④	①②③④	①②③④	①②③④
保持卫生整洁	地面整洁	①②③④	①②③④	①②③④	①②③④	①②③④
	课桌清爽	①②③④	①②③④	①②③④	①②③④	①②③④
	柜桶内物品整齐	①②③④	①②③④	①②③④	①②③④	①②③④
一周盘点		本周我完成目标了！☐	本周我还需努力的小目标是：☐🏃 ☐🧹 ☐🪑 ☐📦			

图3-2　学习特质自评

2. 本周学习内容区

本周学习内容也就是学习进度安排。这个设计有两个考虑：其一，学生能了解这一周的学习内容，做到心中有数；其二，为引导每日规划提供依据。在刚开始，教师会引导学生看每日的学习安排，规划每天的学习任务。考虑到学生刚刚开始学习规划，所以采用半补充式的填写。一学期下来，每个学生都学会了根据学习进度来规划自己每天的学习任务，这为进入中高段的自主规划学习奠定了基础。

3. 学习任务规划区

一年级学生还处于养成习惯的初级阶段，他们首先需要养成每天认真、及时完成学习任务的习惯，因此我们采用每日、每项任务打卡的方式来评价。作业基本上是每日提交，并通过"笑脸"和"苹果"进行每日评价，相对于一周一次的评价，这样做能避免出现个别未养成习惯的学生因为拖延，将一周作业积压到最后一天完成的情况。当然，每周学生会进行"笑脸"和"苹果"的统计，这也是对一周的整体反思和评价（见图3-3）。

学科	任务时间		星期一	星期二	星期三	星期四	星期五
语文		预习	第　课 ☺☺☹	/ ☺☺☹	第　课 ☺☺☹	☺☺☹	☺☺☹
		复习	第　课 ☺☺☹	/ ☺☺☹	第　课 ☺☺☹	☺☺☹	园地 ☺☺☹
		积累	古《乡村》 ☺☺☹	练字 古《渔》 ☺☺☹	/ ☺☺☹	古《春晓》 ☺☺☹	练字 古《春夜》 ☺☺☹
		阅读	我 ☺☺☹	☺☺☹	我 ☺☺☹	☺☺☹	☺☺☹
英语		Read aloud	纳米盒听读 🍎	纳米盒听读 🍎	纳米盒听读 🍎	纳米盒听读 🍎	周末任务
		Read for fun	🍎	🍎	🍎	🍎	周末任务
数学		数学书				练习八1、2、3、4 ☺☺☹	
		天天练	P29 ☺☺☹	P6 ☺☺☹	P7 ☺☺☹		
家长陪伴的请签字							
一周总评			本周我一共获得了（　）个笑脸和（　）个苹果				

图3-3　学习任务规划示例

（二）二年级多学科合同作业样例

针对二年级学生的特点，我们对多学科合同作业进行了升级，力求体现直观、可操作、重评价、三科整合的特点。同时，我们还借鉴了国际道尔顿合同作业的编排方式，融入了我们学校的整理理念，将合同作业分成三个板块：学习内容和任务区、自主规划区、整理反思区。

1. 学习内容和任务区

在这一板块中，我们清楚地呈现了语数英三科每周的学习内容，以便学生在规划的时候更有目标性。学习任务一栏，每项任务前都有相应的编号，学生在规划的时候，直接填写编号+作业简写即可，如①预K15、④课K17……这大大加快了他们规划的速度（见图3-4）。

时间	学科	教学进度	学习任务
周二	语文	24 风娃娃	①阅读"朋友"主题书目30分钟 □ ②练字 □ ③词语采集 □ ④朗读 □ ⑤自主复习一二单元 □
	英语	Merry Christmas	①一起作业 □ ②祝贺卡 □ *本周课外阅读书目Hamster School Bus
	数学	第六、第七单元小练笔	①口算P68订正 □ ②订正《周末加油站》□

图3-4 学习内容和任务区

2. 自主规划区

我们根据班级文件夹相对应的颜色，将语数英分成粉、绿、黄三色，这样学生在规划的时候，就可以在相应的色块中，规划不同学科的内容，一目了然。当然在中段，需要教师带领学生进行分步规划（见图3-5）。

为了让学生更加明白如何使用这份合同作业进行规划，我们会录制规划合同作业小微课，指导他们学习合理地规划，并

自主规划	
在校	在家

图3-5 自主规划区

通过晨间规划时间，带领他们根据每日规划整理小步骤进行规划。合同作业自主规划区部分，分为"在校""在家"两个方面，学生可以根据自身学习能力，将不同的作业规划至不同的时间段完成。

在二年级初始阶段，会有教师简单规划好的常规作业，学生只要自主安排作业完成先后顺序即可，如先完成语文还是数学，哪类作业（如订正难题）在校完成，哪类作业（如自主阅读）在家完成等。学生也会在教师提供的支架上自主填写，即每天每项作业的完成课时或页码，对自主规划有整体的意识。

在学期初前几周的晨间，当学生规划完，我们会及时选取几个学生的规划单，让他们说一说自己是怎样规划的，再让其他同学点评，有哪些可取之处，以及是否有遗漏的地方。我们还会开展小组的分享讨论，让学生相互学习，习得规划的好方法、好策略。

最后，当学生逐渐学会规划，我们会根据学生学能的不同，设计"限定版"与"自主版"。一部分学生的自主规划能力较弱，接触这样的合同作业时，直接进行自主规划对他们来说有一定的困难。他们可以继续利用"限定版"的合同作业，教师将每一天的作业"安"在每一天相应的时间里，让规划能力较弱的学生一目了然。在这之后，教师依然在每周一上午带领全班学生进行规划，慢慢指导他们进行一周规划。当用"限定版"合同的学生熟悉整个规划流程之后，可以主动向教师申请使用全空白的"自主版"合同。

3．整理反思区

任何一个学习过程，整理评价都是不可缺少的。学生不仅要在规划单中对每项完成的作业进行打钩，还要在整理反思清单中，对作业是否完成进行整理，针对作业完成质量情况进行整理，并对自己的学业展开反思（见图3-6、图3-7）。

整理反思
我给自己打（　　　）☆
1. 订正先行、难题优先 □
2. 完成规划任务 □
3. 整理课专注 □

图3-6　每日整理反思区

一周作业自查清单

□我的字写得端(duān)正吗？ □我每项(xiàng)作业都(dōu)完成了吗？

□我写完作业会仔细检查一遍(biàn)吗？ □我能很自豪地说：我已经尽了我最大努力了。

我想邀请（老师 同学）对我这一周的表现做个评价

★上课认真倾听（1 2 3 4） ★课堂举手发言积极（1 2 3 4）

★写作业静悄悄、很专注（1 2 3 4） ★课间文明游戏（1 2 3 4）

★会合作：友好 守规则 互助（1 2 3 4） ★安静午休（1 2 3 4）

评价人：＿＿＿＿＿＿＿＿

家长陪伴请亮 ♥	周一 ♡	周二 ♡	周三 ♡	周四 ♡	周五 ♡	周末 ♡

图3-7 一周整理反思区

（三）三年级多学科合同作业样例

三年级的多学科合同作业在二年级的基础上进行了完善和补充，主要分为以下五个板块。

1．目标与约定区

这一板块主要呈现在合同作业的封面上，除了学校与班级LOGO，还有"本周小目标"与"我承诺"两个小板块。第一小板块"本周小目标"，学生会在每周开始之前根据自身情况写下新的一周自己的小目标，比如在三月份我们开始的"九点钟入睡打卡活动"中，学生就在每周小目标上写上"九点钟入睡"作为自己一周的时间管理目标。有的学生在入睡方面做得比较好之后，也会换上其他的小目标，如"每天阅读不少于30分钟"等。第二小板块"我承诺"，学生在开启这份合同之前，需要郑重地签下大名，带着一份契约精神开启新一周的自主学习。

2．内容与任务区

这一板块，有语、数、英、科四门学科的一周学习内容与任务。除跟二年级一样的"学习内容""常规学习任务""拓展学习任务"板块外，我们的学习任务后会标注作业提交的截止时间，以便让学生在进行规划时，关注时间节点，合理安排学业。

3．自主规划区

三年级依然是练习"每日规划"，具体就是指"整理规划"这一栏，这个板块与二年级时有所不同，新增加了在整理课开始时使用的5分钟规划时间，学生需要对照自己的合同作业，在这一栏里填写本节整理课的作业内容，遵循"订正先行、难题优先"的原则，进行整理课的规划。这样做的好处是学生不会忘记订正这件大事，同时能利用整理课对自己的作业做必要的调整，提高了作业效率。

4. 整理反思区

整理也分为每周整理与每日整理。"每周整理"对应合同中的"一周反思清单"，学生借助这一清单，对自己这一周的学习做好反思与整理，找找本周学习的亮点与不足，为下一周的学习做好准备。而"每日整理"指的是对当天的整理课进行自主反思，回顾这节整理课的得与失，及时整理，为回家后要开展的学习做好准备。

5. 家校互动区

"家校留言板"作为家校沟通的桥梁，至少有两个作用，一是家长利用这个留言板把孩子一周在家的学习情况反馈给教师，让教师了解孩子在家的自主学习情况；二是家长能利用这个留言板对教师的作业布置以及合同作业的设计提出建议或意见，帮助多学科教师更好地改进、完善合同作业。

（四）四年级多学科合同作业样例

进入四年级，我们再次进行了迭代升级，合同作业根据学生规划、反思等能力的提高而不断进阶。同时，整个合同的色调也变为黑白，这样更符合中高段学生逐渐成熟的心理特征。四年级合同作业具体分为这样四个板块。

1. 师生承诺区

合同作业是一份契约，因此，每一份合同作业封面都会印着一段承诺语，师生双方在经过商讨达成共识的基础上签下自己的姓名，合同作业才真正生效。这样做的目的就是让这份合同更具有仪式感，让学生更为郑重地对待这份合同。

在承诺语的下方，有早睡、运动、阅读这三项内容的每日打卡栏，其目的在于培养学生良好的学习习惯、运动习惯和生活习惯，同时，我们将每月的整理日计划也融入其中。每位学生针对自己的每月整理目标，进行分解计划，可以是针对学科的，也可以是针对行规的。学生规划好自己可操作的计划后，每天进行打卡，让整理不再是一个口号，而是充分体现过程性评价的内涵。从这个板块可以看出，我们的契约作业不是仅止于对学生学业的引导，而是朝着学生全人发展的目标前进。

2．内容与任务区

这个板块与三年级时基本相同。主要的变化在于增加了工作量一栏。四年级开始，我们针对相应的作业内容，给出了相应的工作量。一个工作量相当于半个小时，一周一门学科最多不能超过六个工作量。工作量出现的目的是让学生对自己的任务完成情况有更加清楚的认识，同时也是为接下来进入高段，学生能根据自己的学习情况，自主选择不同的学习任务以达成相应的工作量服务的。根本在于培养学生自学能力。

3．自我规划区

与三年级不同，此期规划不再分在校、在家两栏，给了学生更大的自主空间。合同作业与整理课的联结也更为紧密。合同作业中开辟的"整理规划""整理反思"两大板块，就是用于整理课上的课前规划与课后反思。事实证明这样的设计非常实用，既避免了学生在整理课上如无头苍蝇一样盲目，又避免了由于另外再发规划单而让作业变得复杂。

另外，此期规划增加了课后学业管理规划反思一栏。在"双减"的大环境下，学校增设了课后学业管理时段，这一时段是学生自主完成学业的过程。但是我们没有放过每一个学习时间点，及时将这个时间段放入规划整理板块。学生在结束整理课之后，再次规划课后学业管理时间是我们需要完成的任务，这是整理课很好的延续。很多学生在这个时间段已提前完成了一天所有的学习任务，就可以自主申请到其他场馆开展活动。

4．整理反思区和家校互动区

这两个板块延续了三年级时的内容。一日一反思，一周一整理。在每天整理课的最后10分钟，学生依据合同作业的反思栏进行自主反思和小组互评。在周末，学生利用合同中的一周整理反思单对本周的表现进行整理。同时，我们知道任何教育都是合力的过程，家校沟通当然是必不可少的。

第三节　多学科合同作业的实施

对于小学生来说，教师需要提供更全面、系统的帮助，来促使其理解和执行合同作业。教师首先需要在周五向学生解读合同中的具体内容，与学生确认合同，双方签名，达成约定。学生利用周末时间进行自主学习规划。到了周一，教师引导和组织学生进行全班交流，并负责检查学生的规划情况。最后，学生根据建议进一步修改合同。以下将具体介绍学生是如何实施多学科合同作业的。

图3-8为中年段合同作业实施流程。

图3-8　中年段合同作业实施流程

一、发布作业，解读合同

在实施多学科合同作业时，发布作业和解读合同是关键的环节。

（一）发布作业

在实施多学科合同作业之前，教师需要认真策划作业内容，并将作业目标明确地发布给学生。发布作业时，需要注意以下三点。

作业内容和目标：明确指出多学科合同作业的主题和目标，让学生清楚了解作业的重点和意义。

作业要求：详细说明学生需要完成的任务和要求。作业要求应该明确具体，包括所需的学科知识和技能，以及要求的格式和提交方式。

时间安排：合理安排作业时间，确保学生有足够的时间完成任务，同时避免完成时间过于紧张或拖延。

（二）解读合同

解读合同是指在学生接受作业任务后，教师对合同作业的内容进行详细的解释和说明。解读合同的过程中，教师需要做到以下三点。

强调德育目标：根据班级情况，合同上每周的德育主题会有变化，这时，教师需要与学生强调为什么，怎么做。

阐释作业要求：详细解释合同作业中的任务和要求，确保学生对每个任务有清楚的理解。可以通过示范、示意图或实例来帮助学生更好地理解作业要求。

答疑解惑：允许学生在解读合同的过程中提问并解答他们的疑问。这有助于确保学生对作业内容有透彻的理解，并提高作业完成的质量。

对合同的解读还可以根据班级师生实际情况进一步细化流程（见表3-1）。

表 3-1　解读合同流程的细化

环节	描述	目标
环节一：自主解读	学生自主阅读本周的学习内容和学习任务，约定每周的运动和睡眠，并进行相应的批注，如标记学习重点或理解困难点等	让学生对本周学习任务有初步了解，并标记重点和难点
环节二：师生、生生互助	学生在互助时段分享疑惑，教师或同学进行互助、纠正，并分享正确的任务解读。学生明确本周学习目标，修正自己的任务解读，提出个性化评价标准和学习任务	帮助学生明确学习目标和任务解读，提出个性化评价标准和学习任务
环节三：生生分享	小组内同桌合作或轮流分享，确保小组成员清晰了解本周学习任务，了解同伴的想法，互相学习。学生加以思考，衡量新一周的学习重难点	通过分享和讨论，确保学生清晰理解学习任务，并思考学习的重难点

通过发布作业和解读合同，多学科合同作业的实施将更加顺利和有效。学生可以清楚地知道自己需要完成什么任务，如何完成任务，并在作业过程中得到教师的支持和指导。教师也可以通过解读合同的过程鼓励学生主动参与讨论，帮助他们更好地理解作业内容。

二、签名确认，自主规划

在实施多学科合同作业时，签名确认和自主规划是第二个环节，非常重要。

（一）签名确认

签名确认是指学生和教师在多学科合同作业上签字确认，表示双方理解和同意合同作业的内容与要求。在签名确认的过程中，需要注意以下三点。

明确责任：学生应清晰地了解，一经签名确认，就表示自己愿意承担合同作业所规定的任务和责任，教师也将全力支持学生完成作业。

家长知情：对于小学生来说，家长的支持和配合非常重要。在签名确认时，可以邀请家长参与，让他们了解合同作业的内容和学生的学习计划。

签名仪式：在课堂上进行签名确认仪式，以庄重的方式见证学生对合同作业的承诺。

清晰多学科作业一周的内容并明确学习任务后，学生需要对此做出承诺，如期履行并形成共识，通过签署姓名来理解契约关系和内在原则，这是一种自由、平等、守信的精神。

（二）自主规划

中低年段的学生规划能力还比较弱，需要慢慢学习。因此，学习规划先从有趣的"游戏"开始。学生将教师设置的一周作业像选取"自助餐"一样，根据学习时间进行选择记录，从而形成独具特色的自主规划。自主规划的过程中，需要注意以下三点。

清晰内容：学生能看懂合同中每天的学习内容和作业内容。

每日规划：根据合同中设置的作业，学生只需要做每日规划即可。

关注达成：鉴于低年段学生的心理特点，教师需要特别关注他们做的自主规划是否合理，是否能真实达成。

自主规划鼓励学生在作业中发挥主动性和创造力，根据自己的实际情况制订学习计划，提高学习自律性和效率。在多学科合同作业的指导下，作业将更清晰明了，学生具有了更全面的学习知情权，教师的指导和支持也将更有针对性和有效性，帮助学生克服学习困难，取得更好的学习效果。

学生从看懂作业内容、明确任务，再到掌握合理的规划与整理方法的过程，可以划分成多个阶段，而每个阶段都有各自的目标与呈现方式。根据学生年级、自主规划策略以及整理反思能力的不同，自主规划的形式也各不相同。但尽管如此，学生的自主规划也经历了两个较明显的阶段——"扶着走"的规划和"放着走"的规划，当然在这两个阶段之间也存在着过渡期。

1."扶着走"的规划

这样的规划形式适用于低年段学生，或中年级初次接触合同作业规划的学生。教师和学生一起将规划策略进行分解，并提供可参照的程序，引领学生逐步练习、实践、反思，从而学会合理地自主规划。图3-9为多学科合同作业每日规划流程。

合同作业规划视频

每 日 规 划

1 请拿出合同作业

2 检查昨天的学习任务，没有完成的做上记号

3 了解今天的学习内容，规划今天的学习任务

4 有问题请举手

图3-9 多学科合同作业每日规划流程

"扶着走"的规划流程大致如下：

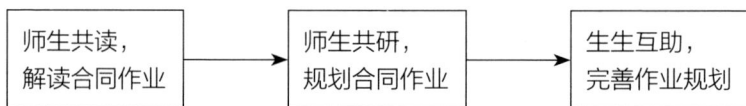

师生共读，解读合同作业 → 师生共研，规划合同作业 → 生生互助，完善作业规划

环节一：师生共读，解读合同作业

教师带领学生逐项阅读合同作业上的内容，明确新一周的学习目标与进度、需要完成的学习任务以及各任务上交的具体时间点。如出现有学生读不懂或是有疑问的地方，提醒学生可以求助教师或同组成员。

环节二：师生共研，规划合同作业

充分解读并明确合同内容后，教师带领学生根据各学科内容与各科任务上交时间点，结合自身学习实际，试着进行一日规划或一门学科的规划。学生根据教师的引领进行独立的自主规划，此时教师则处于备咨询与巡视指导的状态。学生可能遇到的问题大致有以下几种：

- 规划的任务量不合理，每日任务量过多或过少，不符合实际；
- 规划不够具体或太复杂，导致每日任务不清晰，不利于合同作业的有效实施；
- 部分学生完全不会规划，需要教师或组内小导师一对一指导。

针对以上问题，教师可适时指导并提出修改建议。

环节三：生生互助，完善作业规划

完成第一步规划以后，教师组织学生分享交流，引导学生欣赏并学习班级同伴中较好的规划，并试着再用同样的方法将一周的多学科任务进行完善。完成后再次组织分享交流，促进生生互学，改进并提升各自的规划。

2. "放着走"的规划

这样的规划形式适用于已经具备一定的规划能力与策略的中段学生。它是作业规划的理想状态，也是独立自主学习者的必备技能，更是我们设计并使用合同作业的目标之一。

"放着走"的规划流程大致如下：

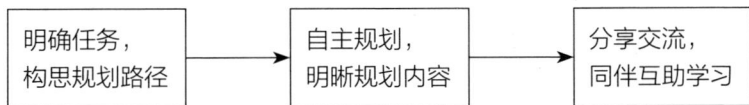

```
┌──────────┐     ┌──────────┐     ┌──────────┐
│明确任务，  │ ──→ │自主规划，  │ ──→ │分享交流，  │
│构思规划路径│     │明晰规划内容│     │同伴互助学习│
└──────────┘     └──────────┘     └──────────┘
```

环节一：明确任务，构思规划路径

学生独立解读合同，明确合同作业的内容与具体学习任务后，将其与各科作业的上交时间点一一对应，结合自身实际情况，对自己的规划有一个清晰的整体构思。

环节二：自主规划，明晰规划内容

学生独立进行自主规划，借助合同作业上的各科学习内容、常规学习任务以及教师提供的多学科作业相关内容，合理规划每天各科要完成的具体学习任务，并能用简明的符号代表对应的学习任务。此阶段，教师巡视观察，对个别有困难的学生进行方法诊断与矫正。

完成规划后，学生先自主检查：规划是否完整、合理、清晰？在规划过程中遇到了哪些未解决的问题？还需要哪方面的帮助与支持？

不同年级的规划时间安排也各不相同，教师会根据学生的实际情况适时调整安排。当学生经历了一段时间"扶着走"的规划，并基本掌握了一些自主规划的策略后，教师会把规划作为周末任务交由学生在家自主完成，给予学生充分的自主与独立空间。在周一返校后，再利用晨间规划课进行交流反馈并适当调整。

环节三：分享交流，同伴互助学习

组织学生把规划中遇到的问题和亮点与同伴进行交流，引导学生互相学习更好的规划方法，合力解决规划中出现的问题，以促进同伴间的互学互助。

三、全班交流，导师检查

在实施多学科合同作业时，全班交流和导师检查是第三个环节。

（一）全班交流

全班交流是指学生在完成作业的自主规划之后，全班进行交流。这个过程的实施，需要注意以下三点。

同学互评：在全班交流的过程中，可以鼓励同学之间进行互评。通过同学的评价和建议，学生可以发现自己规划的不足之处，进一步改进规划。

学习经验分享：学生可以分享自己在完成规划过程中的学习经验和心得体会，为其他同学提供借鉴和启示。

教师点评：教师在全班交流中可以对学生的规划进行点评和引导，可以帮助学生更好地理解合同作业的要求和目标。

（二）导师检查

导师检查是指教师对学生的自主规划进行检查和评估。在导师检查的过程中，需要注意以下两点。

个性化评估：导师检查应当针对每位学生的实际情况进行个性化评估，并允许学生根据实际情况制定出不同的规划，同时给予相应的指导和帮助。

激励：在检查中，教师应当给予学生激励，肯定学生的合理规划。正向的激励可以激发学生的学习动力，使其更好地完成合同作业。

通过全班交流和导师检查，多学科合同作业的实施将更加顺利和有效。全班交流可以促进学生之间的学习互动和经验分享，增加学生对合同作业的认同感和学习动力。导师检查可以帮助学生及时发现问题并加以改进，提高合同作业的质量和学习效果。同时，教师的指导与支持也将更有针对性和有效性，帮助学生克服学习困难，取得更好的学习效果。

四、根据建议，修改合同

多学科合同作业的跨度较大，从一年级到四年级，因此，一、二年级的学生一般不需要修改合同，因为学习任务简单，规划也不是重点。而三、四年级学生正处于学习规划的起步阶段，能够根据导师和同学的建议进行规划的修改是至关重要的一步。这一过程能够帮助学生更好地理解合同作业的要求，明晰学习目标，并逐步提升合同的质量和完成度。在这个阶段，要鼓励学生积极主动地与导师和同学进行交流，接受他们的指导和建议，不断完善和优化自己的合同作业规划内容。

第四节　多学科合同作业的评价系统

每一份合同作业中，都隐藏着相应的"评价系统"。而在多学科合同作业中，各板块的评价更多地指向自评，导师评价和家校评价。

一、自评

（一）五育自评

多学科合同作业是为低中年段学生设计的，其中"五育自评"板块是其核心亮点。这一板块的前身被称为"特质评价"，专注于学校的育人目标，即培养学生的自律性、自主性、合作精神和责任感。《中共中央　国务院关于深化教育教学改革全面提高义务教育质量的意见》明确提出坚持"五育"并举，全面发展素质教育。学校将这一理念与育人目标相结合，形成了现在的"五育自评"模式。每个月，每个年级都会确定一项育人目标，并在合同作业中体现，学生在每天的整理课中根据要求进行自我评价。

为了吸引学生积极参与自评，合同作业中的"五育自评"板块需要设计得有趣且富有吸引力。教师们需要发挥创意，例如，有的年级设计了家务劳动列车，有的年级注重餐桌文明，有的年级则是运用了运动转盘等，这些活动旨在激发学生的兴趣，使他们乐于进行自我记录和评价，从而实现自评的目标。

（二）一周反思

元认知理论强调自我反思在学生学习过程中的重要性，它关系学生对自己认知活动的理解和调节。每周的反思活动是学生自我评价的关键环节。在一周的尾声，学生利用作业中的反思框架，评估自己的学习表现，检查本周作业的完成情况。通过填写一周作业自查清单，学生能够自主评价学习过程，回顾本周学习中的亮点和需要改进的地方。除了学业成绩，学生还可以根据个人情况，进行个性化的自我管理，如记录阅读、运动、睡眠情况，整理行为规范，以及遵循特定成长规范等。

对于低年段学生，他们的自我反思能力尚在发展中。在这个阶段，同伴间的交流尤为重要，需要提供必要的支持。而中年段学生则更多地通过反思工具来促进自我管理和反思。教师通过设计有效的反思工具，帮助学生提升反思能力，进而推动学生的自主学习和持续发展。因此，设计合同作业时，反思问题和工具的设计至关重要。学校目前使用的通用反思问题集中于作业材料的整理、作业态度与过程的反思，以及对改进措施的思考。随着对学习心理理解的深入，这些反思问题也在不断优化和更新。

二、导师评价

导师评价贯穿在合同作业每一个部分。如在规划板块的"课后学业整理导师评价"中，每日课后托管的导师会根据学生在校期间的任务完成情况及学业整理的具体表现，及时给予反馈。这有助于学生审视自己的学习效率并及时进行调整，也便于家长了解学生在校期间的学习情况，促进家校合作。同时，导师可以根据学生的不同情况提供个性化的学习建议。再如，合同作业的最后一个板块设置了"周整理"及"家校留言板"（"留言区"）（见图3-10），供学生和家长根据实际使用情况及学生在家学习情况等方面提供反馈。这有利于学科教师和班主任更好地了解学生的整体学习情况，架起有效的沟通桥梁，促进家校合作，并帮助学生进入新一周的学习状态。

三、家校评价

在合同作业中，"家校留言板"是家长反馈学生日常作息的重要平台，它作为学校与家庭每周一次的沟通桥梁，是评价系统的关键组成部分（见图3-11）。家长可以通过这个平台简要总结并分享孩子一周的作息习惯，教师则可以通过家长的真实反馈，更全面地了解学生在家的生活与学习状况，并提出建设性的建议。此外，教师可以利用这个平台与家长进行书面交流，以便进行后续的沟通和跟进。家长还可以根据孩子的实际学习情况，对合同作业的执行情况进行点评，包括时间分配的合理性、遇到的挑战、表现优异的方面以及需要改进的地方。

时间	学科	我的规划			一日整理	课后学业整理 老师评价
		在校		在家		
周一	语文				我今天收集了 （ ）个资源碎片 1. 订正、难题优先 □ 2. 完成规划任务 □ 3. 整理课专注认真 □	老师给我 打（ ）★ 备注：谢老师 老师签名：
	英语					
	数学					
	自主					
周二	语文				我今天收集了 （ ）个资源碎片 1. 订正、难题优先 □ 2. 完成规划任务 □ 3. 整理课专注认真 □	老师给我 打（ ）★ 备注：钱老师 老师签名：
	英语					
	数学					
	科学					
周三	语文				我今天收集了 （ ）个资源碎片 1. 订正、难题优先 □ 2. 完成规划任务 □ 3. 整理课专注认真 □	老师给我 打（ ）★ 备注：范老师 老师签名：
	英语					
	数学					
	科学					
周四	语文				我今天收集了 （ ）个资源碎片 1. 订正、难题优先 □ 2. 完成规划任务 □ 3. 整理课专注认真 □	老师给我 打（ ）★ 备注：范老师 老师签名：
	英语					
	数学					
	自主					
周五 & 周末	语文				我今天收集了 （ ）个资源碎片 1. 订正、难题优先 □ 2. 完成规划任务 □ 3. 整理课专注认真 □	家长给我 打（ ）★ 备注：家长 家长签名：
	英语					
	数学					
	自主					

我的学习任务安排

本周反思

★ 上课认真倾听　　★ 小组友好合作
　 1　2　3　4　　　 1　2　3　4
★ 课堂发言积极　　★ 课间文明游戏
　 1　2　3　4　　　 1　2　3　4
★ 书写认真专注　　★ 晨读午间自主
　 1　2　3　4　　　 1　2　3　4

留言区

图3-10　规划区示例

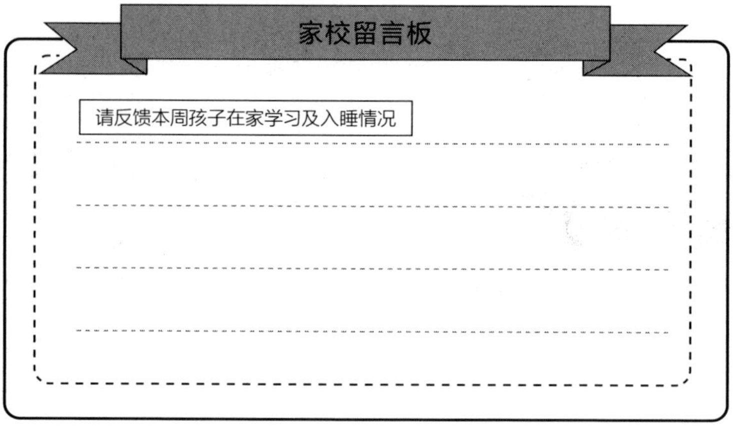

家校留言板

请反馈本周孩子在家学习及入睡情况

图3-11　整理区与家校留言板

通过这种方式，教师能够更全面地掌握学生在学校和家庭的双重表现，更好地观察学生的学习态度和对合同作业的适应情况，并及时进行跟进。同时，这也有助于教师不断调整和优化合同作业的设计，使其更加合理、简洁、易于操作，以便于学生使用。家长在反馈中也可以提出自己的疑问，比如对学校和班级近期活动、孩子学习任务安排等方面的疑问。通过及时的书面沟通，教师能够及时发现并回应家长的关切，这不仅有助于缓解家长的教育焦虑，还能促进更加安全和积极的校园与家庭一体化教育环境的建立。

🔊 **小贴士**

适用于低中年段的多学科合同作业，在使用时需要特别关注：

（1）设计的五育活动贴近孩子的生活，有趣、好玩，能与之产生情感联结。

（2）作业内容简洁、清晰，以图示为主，让学生一看就懂。

（3）教师带领学生在学校每日反思整理。

（4）家长可以一周关注一次，了解本周学校各方面的情况，以更好地帮助孩子提前做好准备。

小合同，大讲究

俗话说："教育无小事，全在细节里。"再好的教育理念也需要落到点滴的教育行为中。正因为深信教育对一个孩子的重要性，我开启了对学校的慎重选择之旅。

孩子刚升入幼儿园中班的时候，作为家长的我就开始搜集对比整个温州市的所有小学。和所有望子成龙、望女成凤的家长一样：我不但希望孩子有个好成绩，更希望孩子能够成为一个自律自主自信阳光、综合素质全面发展的学生，因此选择了能够真正看见孩子、鼓励孩子、激发孩子内驱力的温州道尔顿小学。

作为一名刚升入一年级的学生家长，和很多妈妈一样，因为听到或者看到太多身边的案例，因家庭作业引发的亲子冲突、师生冲突、家校问题，我也对家庭作业提心吊胆，但是，随之而来的一张"合同作业"缓解了我全部的焦虑。

提起合同作业，或许很多人会好奇，究竟什么是合同作业？温州道尔顿小学创新"合同作业"体系，在师生约定同意的前提下，以"合同"的形式，整合一个周期内的各项作业任务，学生可以自主规划和管理作业任务。

小小的合同作业，细数其给孩子带来的好处，真是太多太多了：

孩子每天会针对自己完成的作业一项项打钩，给孩子带来了很多成就感；

孩子很清晰自己一周的作业量，如果某天因为特殊原因没有完成作业，孩子会在一周内其他时间自主补完，增加了孩子对作业的掌控感，心理上不抗拒作业；

合同作业中的心情温度计模块，让孩子对自己的情绪有了更多的认识，让孩子从小养成对自己的情绪有觉察和梳理的习惯，为孩子真正成为他/她自己奠定了坚实的基础；

本周特质成长少年目标模块，孩子每反思一次，都是对自己自理能力的自我确认，在自我评价中，孩子的自我胜任感成长起来，随着胜任感的积累，孩子会对自我更加满意；

一周习惯整理模块，积累、运动、家务、睡眠这四个维度，让孩子对自己课后时间的重点和规律更有掌控感，把自己习惯管理好的孩子才能有更多的精力去投入学业；

最后的一周学业整理模块，各学科老师会精心提炼，用最少的时间让孩子掌握最重点的知识点，不去压缩孩子玩耍的时间，让孩子有个快乐的童年。

作为家长，我们不但要养孩子长大，更要养育孩子成人，而真正的成人目标是孩子成长起来独立自主习惯，有自信，能幸福，真正为自己的人生掌舵。这些单单从学业维度是无法学习获得的。而温州道尔顿小学却借助一张小小的合同作业，在点点滴滴中为孩子的成长所需建构这些品质。

感恩之余，真心期待更多的孩子都能有机会体验合同作业带来的诸多益处，愿每个孩子都能拥有幸福的童年，快乐地长大。

2023级3班　马鸿图家长

第四章

单学科合同作业的设计与实施

随着年级的升高，学生各方面能力必将不断地增强，对作业选择的自由度要求更高，规划能力的培养目标也会提高。那么，仅靠多学科合同作业能满足需求吗？是的，肯定无法满足！于是，"单学科合同作业"就应运而生了。

在本章，我们会将目光集中到单一学科领域内的合同作业。与多学科合同作业不同，这一章专注于探讨在特定学科内如何有效地设计和实施合同作业，以提升学生在该学科领域的深入理解和技能掌握，同时，在合同作业实施的过程中，培养学生的规划能力和选择能力。

第一节　单学科合同作业模式

一、单学科合同作业

随着年级的升高以及学生认知水平的提高，学校在高年段采取了单学科合同作业来进一步提升学生整理、规划、选择和合作的能力，巩固学生守信自律的良好习惯品质，培养学生的担当与责任。相较于多学科合同作业，单学科合同作业更注重作业对学生思维力、实践力和创造力的培养。

单学科合同作业，是指在单一学科领域中运用合同作业的方式，激发学生的学习兴趣和积极性，增强学习效果。教师与学生之间需要遵守契约精神，就学习目标、任务和评价方式进行明确的约定，让学生更好地实现自主规划学习，并能根据自己的兴趣和需求选择适合的学习资源及方法。例如，一名高年段语文教师可与学生签署合同，彼此约定：学生须在规定的时间内阅读完一本经典文学作品，并撰写一篇读后感悟，表达自己的阅读体验与理解；教师在这一过程中对学生所选择的书目不做干涉，学生可根据自己的喜好自由选择。这种自主性和责任感的平衡是单学科合同作业的核心。

与传统的作业安排相比，单学科合同作业的魅力在于它赋予了学生更大的主动权。在传统作业中，学生通常是被动地接受教师布置的任务，而在单学科合同作业中，学生有机会参与到任务的制订中，并根据自己的兴趣和能力制订学习计划。例如，在一个科学课程中开展实验任务，教师可以与学生商讨，让学生根据自己的兴趣选择实验课题，并根据合同的约定完成实验报告。这样的合作模式不仅增强了学生的学习参与度，还激发了他们的创新思维。

单学科合同作业也在某种程度上提醒我们，学习不仅仅是为了应付考试和完成作业，更是为了培养学生在特定领域的兴趣和深度理解。通过合同的形式，学生能够在特定学科中进行更深入的探究，从而提高对该学科的兴趣和认知水平。举例来说，一个有关地理课程的合同作业可能要求学生在社区内选择一个地点，进行考察并撰写一份关于该地点的报告。这样的任务既可以让学生在实际中感受地理知识的应用，也能培养他们对地理学科的兴趣。

然而，单学科合同作业并非万能良药，它也面临一些挑战。首先，教师需要有足够的专业知识和教育技巧，才能在特定学科领域内进行合同式教学。其次，学生的自主性和责任感是需要培养的，否则他们可能无法有效地规划和完成合同任务。另外，评价的问题也需要考虑，教师需要制定科学合理的评价标准，以确保学生的学习成果得到公正评价。

总而言之，单学科合同作业作为一种创新的教学与作业方式，不仅赋予了学生更大的主动性，还培养了他们在特定学科领域内的兴趣和理解能力。它通过合同的形式，激发了学生的学习动力和创新思维，使得学习过程更加有趣和富有成就感。当然，要实施好单学科合同作业，需要教师、学生和学校的共同努力，共同创造一个更有活力的学习环境。在这个充满活力的环境中，学生将更愿意深入学习，教师也将更愿意去探索教学的新方法，从而共同推动教育的创新与发展。

二、单学科合同作业的关键要点

（一）关注单元的整体性

单学科合同作业注重单元整体规划，以单元为单位进行作业设计，将学生的作业设计作为教学系统的一个重要而完整的环节进行整体规划。通过单元导语、单元目标、教学活动安排、学习任务、评价与反思等板块在合同作业上的呈现，让学生预先了解单元的全貌，形成对知识的系统整体认识。

教师根据单元整体思考明确单元教学目标，并将其具体化为作业目标，确保"目的—过程—结果"的一致性。作业的设计要明确重难点与基本标准，体现单元核心的重点、难点要求。

合同作业以目标明确的任务计划为载体，教会学生如何学习。学习任务细分为每个目标下的任务，供学生选择。学生可以根据自身情况，在每个目标下选择适合自己的学习任务，并努力挑战超越目标的任务。

不同目标下会有不同类型的学习任务，包括课时作业、长作业、必做作业、选做作业、分层作业和差异化作业设计。教师提供学习建议和资源，以表格形式简要说明与任务相关的教学活动安排。最终，教师将相关作业信息整合在学习合同中，使学生获得对本单元学习内容和作业任务的自主学习途径。

单元学习结束后，学生需要对所学知识及学习情况进行整理总结。通过思维导图、反思整理单等方式进行复习整理，提升相关学科素养，形成单元学习的闭环。这样的整理过程有助于学生更好地掌握知识，培养学习习惯和学习能力。

单学科合同作业设计的要点能够帮助教师更好地规划、设计和实施合同作业，促进学生在学习中明确学习目标、计划、任务和评价，更加有效地助力学生学习。同时，通过单元整体规划和学习闭环的设置，能够培养学生全面的学科素养和学习能力，提升学生对知识的整体认知和掌握。因此，教师在设计单学科合同作业时应注重这一要点，以期提高教学效果，激发学生学习的兴趣和主动性。

（二）关注任务的差异性

作业在教学中具有多重作用，不仅有助于巩固学生对新知识的理解能力和应用能力，还能通过分层拓展学生对学科知识的实践应用，提高学生的自主学习能力。因此，单学科合同作业的设计应充分关注学生的学习差异和学习需求，努力让每个学生都能够得到适合自己的作业，从而促进学生学会学习，使每个学生都能成为更好的自己。

在设计相同目标和难度的作业时，教师应考虑学生学情的差异化，确保作业与学生个体的能力和知识水平相匹配，处于学生"最近发展区"。这意味着要为学生提供多样的作业形式和情境，提供不同水平和形式的学习支架，并设计不同的作业进度与评价工具。通过这样的差异化设计，学生能够更好地适应作业的要求，提高学习效果和学习积极性。

合同作业还应给予学生更多的选择与规划的自由，确保学生在学习中处于主体地位。这种设计能激发学生的主体责任感、主观能动性和学习积极性，让学生在一定的努力下以适合自己的速度取得学习进展。学生在自主选择和规划作业的时空中，能更好地调整学习节奏，培养自主学习能力，进一步提高学习效率和质量。

（三）关注素养的进阶性

关注素养的进阶性是作业设计中至关重要的方面。在设计单学科合同作业时，应以培养学生的核心素养为根本目标，这意味着我们要根据课程标准和学生的身心发展规律，从学科核心素养出发，为学生提供多样化的学习策略和学习资源，使其在学习过程中能够逐步进阶、全面发展。

在数学学科中，培养学生的学习能力与方法至关重要。除了传统的作业内容，数学单学科合同作业中还设计了一系列丰富的拓展任务，如思维冲浪（聪明题）、实践探究性作业、整理室打卡等。这些拓展任务旨在强化学生的思维培养，提升他们解决问题的能力，鼓励学生在学习中进行质疑并提出问题。学生在这些任务中不仅能提高问题解决能力，还能培养语言表达能力、合作交流能力和信息技术能力。

特别是在疫情期间，学校在线上学习中推出了"学生星主播"的任务，学生可以自主选择内容并录制讲解微视频。这一任务不仅提升了学生的主动学习能力，还培养了学生的创新能力和自我表现能力。同时，单元预习单的设计也着重关注学生问题提出的能力和思考质疑的能力，帮助学生在学习之前就开始思考，为学习做好充分准备。

作业设计的闭环也是关注学生素养进阶性的重要体现。通过"约定—规划—学科素养任务—综合能力挑战—整理反思"的闭环流程，学生能够在完成任务的同时，进行综合性的反思和总结，从而形成完整的学习过程。这样的设计使得学习不再是孤立的知识点堆积，而是形成相互联系和相互促进的整体。

（四）关注规划的合理性

用"作业工作量折换算制度"保证单学科合同作业时间规划的合理性。在设计阶段，教师就要通过作业量的计算与折换算，限定每周作业总量。工作量的设定是道尔顿教育计划的创新之举。每个学生的合同作业被划分为不同的工作量，教师根据学段特点和学科需求，设定每周的基本工作量，每个工作量为半小时。其中，高年段学生一周不能超过七个工作量，这较为有效地控制了作业的数量和需要完成的时间，以达成作业"减负"的要求。此外，工作量还可以视情况进行折换算，以应对跨学科学习任务可能涉及的重叠的工作量。学生的作业量被灵活地计算，在保证每周基本数量的同时避免了繁重的作业负担。因此，在设计单元任务时，教师要先以中等学生的水平衡量每个任务需要的完成时间，折算成作业工作量，确保一周内的总作业量不超过七个工作量，其中还要特别说明某些特殊作业的工作量安排建议，例如，超出一周的长时间作业、选做作业、私人定制作业等。

"单元整体教学活动安排"先行保证单学科合同作业内容规划的合理性。教师设计出整体的单元教学活动安排后，可将对应的学习任务附在表中，与活动一一对应，以便学生了解哪些内容可以在教师授课结束后再去完成，这样的作业完成会更有意义。除了每日固定的作业，学生也可以根据教学活动安排表，将一些特殊的作业（如选做作业、拓展作业等）"对号入座"。如此一来，合同作业的规划就有了内容的导向。

设计"任务规划表"引导学生进行合理规划。学校在实践探索中摸索出了许多类型的规划表，帮助学生进行学习规划，让学习安排成为学生自己的事。单学科合同作业中"我的任务规划表"可分时间、内容、评价三块，学生根据教学活动安排和单元学习任务，结合自己的实际情况进行选择和规划，制订属于自己的个性化作业。在具体实施过程中，可以根据实际情况进行调整，并让家长、同伴或自己对学习效率进行评价。学生自主制订学习进程的计划，能有效激发学生的学习动力。学生学会了如何规划，做事更有条理，能更好地进行时间管理。不仅如此，学生还会将规划能力应用在生活的各个方面。

（五）关注评价的有效性

单学科合同作业设计评价与反思板块，附有作业评价标准，让学生清楚地知道每一份作业最好的样子，引导他们朝这个方面努力。评价标准主要通过学习目标评价、学习过程评价、学习能力评价三个维度去设计。

1. 学习目标评价

学习目标评价主要关注教学过程结束后学生身心发生的变化，是对学生通过合同作业所获得结果的一种预期。合同作业对于学习目标的评价力求具体、清晰、可评价，尤其是一些能描述学生学习的关键行为变化需要有具体细分的评价，以保证学生的学习成效达到目标要求。合同作业从设计到实施和评价都需要锚定学习目标，并与作业任务相匹配，指向不同目标、不同任务类型和评价标准。教师需要在合同作业中设计特定的评价任务来引出学生的认知与行为表现，最终实现教学目标、学习目标、评价目标三者的一致。借助自评、小组互评和教师评价，学生对自身的学习有了更为清晰的了解，教师也通过合同作业搜集反映学生学习状况的信息，从而做出正确的教学判断。

2. 学习过程评价

学习过程评价具有重要意义，除了上述关注学生作业质量所反映的学习目标完成情况，教师还借助合同作业激发学生潜藏的内在发展驱动力，帮助学生找到自身学习和发展的优势领域，引导学生建立持久学习的心理机制，真正成为独立自主的学习者。合同作业应关注与学习品质相关的非智力因素，如坚毅、激情、自制力等，着力培养学生好奇心、自控力等关键品质，使他们学会学习。此外，合同作业关注学生的学习过程，对学生学习能力进行全面诊断并对学习过程开展全链条掌控，更能够为学生个性化学习提供科学数据。

3．学习能力评价

教师在评价合同作业时，应关注学生的学习行为与学习方法的养成，如作业进度的安排、作业内容的选择以及学习方法的改进等。此外，家长评价板块的设置也至关重要，家长可以在校外时间对孩子一周的学习情况进行简要的点评，如时间分配、完成作业的过程中遇到的困难、做得特别好的部分和需要改进的部分等，并通过"家校留言板"与教师保持沟通。这样的评价方式能够形成家校共育的合力，共同促进学生的学习进步。

除了清晰的评价维度，教师还要根据学情和学科特点设计多样化的评价形式。以表4-1的合同作业"评价与反思"板块自评表为例，自评表包括初始自我评价和学后自我评价，分别安排在学习之前和学习之后。通过对比，学生更清楚自己在学习过程中的进步和需要改进的地方，对自己的学习情况有比较清晰的自我反思评价。还有一处针对学习过程的评价设计在"我的任务规划表"（见图4-1）中，主要是让学生对每日任务完成情况进行评价。整个评价过程贯穿作业完成的各个阶段，可以提高学生自主反思、自我评价的能力（见图4-2）。图4-2为一份语文合同作业中的"评价与反思"内容。

表4-1　"评价与反思"板块自评表

学习内容：学习第一单元（数学教科书第2—18页的内容）

自评表：（工作量　天）

学习目标	初始自我评价	学后自我评价
我能理解分数乘法的意义是整数乘法意义的扩展	☺☺☺☺☺	☺☺☺☺☺
我能理解和掌握分数乘法的计算方法，会计算分数乘整数、分数、小数	☺☺☺☺☺	☺☺☺☺☺
我能运用乘法运算定律对分数乘法进行一些简便计算	☺☺☺☺☺	☺☺☺☺☺
我经历了分数乘法计算方法的探索过程	☺☺☺☺☺	☺☺☺☺☺
我经历了应用分数乘法解决简单实际问题的过程	☺☺☺☺☺	☺☺☺☺☺
我在学习过程中不仅能独立思考，还能与同伴交流学习	☺☺☺☺☺	☺☺☺☺☺

我的任务规划表（请提前作好规划，必做工作量：____天）

序号	具体时间	任务内容（可根据实际情况相应调整）	完成效率（自评或他评）
1	9.20-9.22	1.初始自我评价；2.单元预习单；3.口算P20~22	☆☆☆☆（自评）
2	9.23 周一	1.作业本P20~21；2.学1；3.L8挑战	☆☆☆☆（自评）
3	9.24 周二	1.作业本P21~23；2.学2；3.L8	☆☆☆☆（自评）
4	9.25 周三	1.作业本P24 习3；3.L8 和算P22激学阅读	☆☆☆☆（自评）
5	9.26 周四	1.作业本P24~25 习4；3.L8	☆☆☆☆（自评）
6	9.27-9.28	1.作业本P26；2.学5；3.订正L8	☆☆☆☆（自评）

图4-1 "评价与反思"板块任务规划表

学习目标	学习证据	评价标准			
		标准描述	不达标	达标 3	优秀 4
在阅读中区分事实与观点	阅读单	每天阅读20页；能区分观点和事实；记录的事例清晰详细			
恰当表达感恩与不舍的情感	毕业赠言	字数50—70字；语文精练、有特点、饱含深情，能给人带来回忆，有祝福			
	人物记事	能通过几件典型事例，把毕业的感恩或不舍的情感融入人或景之中，语言生动优美；情感恰当自然			
	自由表达	用自己独特的方式表达对母校、老师、同学的感恩和不舍			
筛选整理资料	成长纪念册	有设计规划；能按顺序整理材料；能选择自己认为最重要的材料来制作纪念册；纪念册中：有封面，有目录，有毕业感言，有照片，有代表自己水平的分类作品，有老师同学的寄语和祝福			

我的评价和反思

根据上表的评价描述，为自己本单元的目标达成情况打钩。我对自己的达成情况（满意 一般 不满意）。原因是：＿＿＿＿＿＿＿＿＿＿＿＿＿＿＿＿

本周的学习让我最喜欢的是：＿＿＿＿＿＿＿＿＿＿＿＿＿＿＿＿＿＿＿＿

让我觉得很困难的是：＿＿＿＿＿＿＿＿＿＿＿＿＿＿＿＿＿＿＿＿＿＿

我积累的经验是：＿＿＿＿＿＿＿＿＿＿＿＿＿＿＿＿＿＿＿＿＿＿＿＿

图4-2 六年级语文合同作业中的"评价与反思"

第二节 单学科合同作业的设计

一、单学科合同作业的设计形式

（一）单学科单元合同作业设计流程

如何在大单元整合教学设计的基础上设计单学科单元合同作业，为学生明确单元学习的目标、计划、任务和评价，更加有效地助力学生学习，这是我们一直在探索的方向。

单元合同作业能否成功实施，很大程度上依赖于教师编排作业的技能和理解力。单元合同作业的设计主要经过单元目标设计、一周目标调整、差异作业设计、作业量化设计、评价标准设计、作业操作设计、评价路径设计七个环节。

单元目标设计需要综合考虑课程标准、教学实际、单元教学目标等，此后将其细分调整为以周为单位的作业目标；差异作业设计需要考虑学生学情、个体与学习风格的多样性；作业量化设计重点考虑作业量和难度、学生个体与学习风格多样性；评价标准设计要思考一份好的作业是什么样的，如何表述清晰；作业操作设计要考虑学生完成作业的实际情况、学习态度和兴趣，选择学生喜闻乐见的方式方法；评价路径设计要对作业采用的评价与反馈方式进行顶层设计和预判。

图4-3为合同作业设计流程的七个环节[①]。

（二）辅助性评价工具设计

为了更好地进行合同作业的评价与反馈，教师开发出不同功能的作业评价工具。其中学习任务单式、学习资源式和反思整理式三类用以评价作业的"质"，作业工作量统计表用以评价学生作业的"量"，统称为合同作业的"三单一表"评价工具。

学习任务单式： 通过学习单的形式将学习核查表和等级量表合二为一，并匹配了任务关键词和目标描述，设计填空式的学习反馈记录，让表现准则成为学习进程中自始至终和学习者互动的对话者，例如单元整理清单、导师检测评价表、书写核查表、评价核查清单等（见图4-4）。核查表（清单）作为评价手段，适合于判断动作技能以及学习过程中的某些关键要素是否具备，既包含了指向程序的

---

① 王月芬. 重构作业：课程视域下的单元作业［M］. 北京：教育科学出版社，2021：211.

准则，也包含了指向概念的准则，支持学生针对学习目标进行自我检测，获取有效信息。

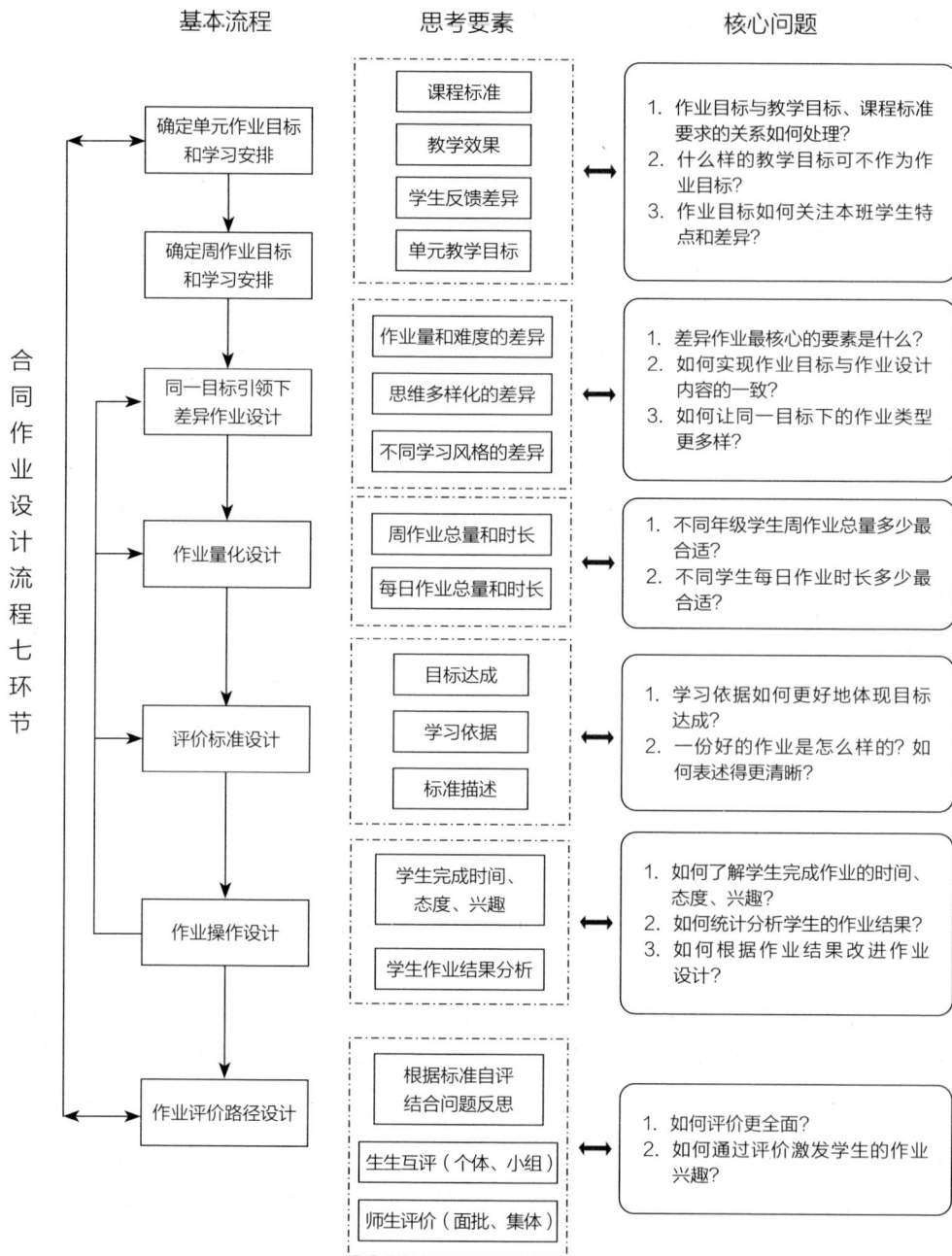

图 4-3 合同作业设计流程七环节

Be a Little Coach
口语交际过关单

Name: _____ Class: _____

• Congratulations! You are a little teacher today.

请小导师们签上自己的名字，听一听，圈一圈， ⬭ 给出评价。

序号	Name	评价标准 Can he/she do these things?	评价结果			
			4	3	2	1
1	_____	1. A能正确读出单词	10~9词	6~8词	4~5词	0~3词
		1. B能正确认读单词	10~9词	6~8词	4~5词	0~3词
		2. 能自主流利地进行对话问答	完全正确	1~2错误	3+错误	/
		能用合适的音量（2级）	是	否	/	/
2	_____	1. A能正确读出单词	10~9词	6~8词	4~5词	0~3词
		1. B能正确认读单词	10~9词	6~8词	4~5词	0~3词
		2. 能自主流利地进行对话问答	完全正确	1~2错误	3+错误	/
		能用合适的音量（2级）	是	否	/	/
3	_____	1. A能正确读出单词	10~9词	6~8词	4~5词	0~3词
		1. B能正确认读单词	10~9词	6~8词	4~5词	0~3词
		2. 能自主流利地进行对话问答	完全正确	1~2错误	3+错误	/
		能用合适的音量（2级）	是	否	/	/
4	_____	1. A能正确读出单词	10~9词	6~8词	4~5词	0~3词
		1. B能正确认读单词	10~9词	6~8词	4~5词	0~3词
		2. 能自主流利地进行对话问答	完全正确	1~2错误	3+错误	/
		能用合适的音量（2级）	是	否	/	/
5	_____	1. A能正确读出单词	10~9词	6~8词	4~5词	0~3词
		1. B能正确认读单词	10~9词	6~8词	4~5词	0~3词
		2. 能自主流利地进行对话问答	完全正确	1~2错误	3+错误	/
		能用合适的音量（2级）	是	否	/	/

请你来总结，并和大家分享吧。

给我留下印象最深的是_____，因为_____。
我建议_____在平时可以_____，
因为_____。

图4-4 各式评价核查清单

学习资源式： 分为学习范例和评分规则。将学习范例按照要点维度列出具体的表现准则，并提供"最好的样子"范例加以对照，用以指导自主学习。如将写作的准则以"文章结构"和"撰写要点"的方式列出，并在后面提供范文作为参考，既列出了标准，又提供了样例，学生将其作为学习资源来帮助指导自己写作。评分规则是描述性的评分量表，目的是评价和分析学生的学习结果，包括学习作品和学习过程。将评分规则赋予"支架性"功能，让学生在评分规则的描述中抓住成果创见的技术要点，突破难点。图4-5中，"科学知识"维度的准则描述指向突破内容要点，"创新能力"维度的准则描述则包含了对桌游规则设计的技术难点指导，不同得分点的描述都能使学生在具体技能上获得操作性的指导。

《猜猜他是谁》习作评价单			
项目	自评	同学评	老师评
每个段落前都空两格了吗？	☆ ☆ ☆	☆ ☆ ☆	☆ ☆ ☆
标点用对了吗？	☆ ☆ ☆	☆ ☆ ☆	☆ ☆ ☆
"的，地，得"都用对了吗？	☆ ☆ ☆	☆ ☆ ☆	☆ ☆ ☆
外貌描写抓住最大的特点了吗？	☆ ☆ ☆	☆ ☆ ☆	☆ ☆ ☆
性格、品质描写有具体事例吗？	☆ ☆ ☆	☆ ☆ ☆	☆ ☆ ☆
我写得有条理、有重点吗？	☆ ☆ ☆	☆ ☆ ☆	☆ ☆ ☆
能让同学猜出来是谁吗？	能　不能	能　不能	能　不能

评分	内容标准			
	科学知识	玩法乐趣	创新能力	制作质量
4	体现食物、营养、人体健康三者之间的关系	体验极好，很有乐趣，希望能多次体验，很想介绍他人体验	自创规则	制作精美、耐用，制作成本不高
3	包含食物、营养、人体健康三个方面的成分	体验较好，较有乐趣，愿意再次体验或介绍他人体验	结合2—3种现有桌游的规则机制	制作精美、耐用，但制作成本高
2	包括食物、营养两个方面的成分	体验一般，但可以介绍他人体验	模仿一种现有桌游的规则，做小部分改动	制作粗糙，耐用性不强，制作成本低
1	只包含食物的成分	体验不好，不想再玩	完全模仿一种现有桌游的规则	制作粗糙，不耐用，制作成本高

图4-5　各种学习资源评价工具

反思整理式：在每节课连续记录包含元认知调控策略指导的评价单，以此作为依据，供学生回顾自己在项目学习过程中的成长路径，还可以将目标、流程、概念和反思改进融为一体，形成阶段性反思整理单（见图4-6）。

五年级（下）Module 1 学习目标及整理反思单								
I can read ☺☺☺☹			我能用合适的语音语调大声朗读以下内容					
Chapter 3	P17-18	Part A&B	学伴：_____	Unit 1	Lesson1	Fun Time	学伴：_____	
	P19-20	Part C&D	学伴：_____		Lesson2	Good to know	学伴：_____	
	P21-22	Part E	学伴：_____		Lesson3	Story Time	学伴：_____	

I can talk ☺☺☹☹　🗣 我能用英语与同伴完成口语任务

Hello. May I speak to Gary, please?　Speaking.

Hi, Gary. This is Jim. You didn't come to school today. What's the matter with you?　I have a broken arm. The doctor told me to get an X-ray of my arm.

Oh, dear. I'm sorry to hear that. Get well soon.　Thank you.

Take care. Goodbye.　Bye.

Nurse: Hello, Frank. **What's wrong?**
Frank: **I've got a stomachache.** I often have stomachaches. **What should I do?**
Nurse: **You should drink some water.** Here you are. Do you eat a lot of candy?
Frank: Yes, I eat some after every class.
Nurse: **You shouldn't eat too much candy.** Do you wash your hands before eating?
Frank: Not always.
Nurse: You shouldn't eat with dirty hands. You should always wash your hands before eating.
Frank: OK!

☐ 我能用英语询问及回答关于身体状况、症状描述等内容，并提供简单的建议。
☐ 能够用适切的语言表达对同伴的关心和祝福。

I can write ☺☺☹☹　📖 我能用英语完成读写任务

Dear Linda,
　I always feel tired and sleepy. I sometimes sleep in class. I like my teachers and I like all my subjects, but I don't get good marks. At night I can't sleep, so I go on the computer or watch TV. It's not good. What should I do?

　　　　Worried

Dear Worried,
　Many students have this problem. You are going to be OK. I have some advice for you. First, you should exercise every day. Play football or basketball with your classmates or do morning exercises. Next, you shouldn't play too much on the computer or watch too much TV. So turn off the TV and computer at 9 pm. Try to walk more and help your mum do some housework. Finally, you should go to bed before 9:30. Try these things. I think you'll soon feel better.

　　　　Linda

☐ 我能了解信件的文体格式。
☐ 我能够通过阅读了解同伴的烦恼，给出合适的建议，并以信件的方式回复。

图4-6　反思表与清单

Grammar 😊 😊 😐 ☹️ | 我能了解语法规则

1. (told/want/ask+ someone +to + verb)

The doctor told me **to eat** more fruit.

(verb + someone + to + verb)

Don't change the verb after **to**.

2. When: When can be a linking word.

when

When can be a **linking word**.
We use a linking word to join two sentences.

I drink lots of water **when** I catch a cold.

When I catch a cold , I drink lots of water.

Put a comma here if the sentence begins with **when**.

We can put **when** at the beginning or in the middle of the sentence.

3.Question words

: **What** do you want to do?
Why do you want to join it?
How often do you play badminton?

How about you, John?

: I want to join the Badminton Club.
Because I like playing badminton.
Four times a week.

: I want to join the Football Club.

我的单元目标

这个单元，我将学习与话题＿＿＿＿＿＿＿＿＿＿相关的知识，我的目标制定如下：

语言能力：

＿＿

学习品质：

＿＿

学习策略：

＿＿

我的回顾与反思

学习合同	□及时完成	□书写规范	□已订正	□干净整洁	
任务单	□及时完成	□书写规范	□已订正	□无缺少	□归类成册

这个单元目标达成了吗？ ＿＿＿＿＿＿＿＿＿＿＿＿＿＿＿＿＿＿＿＿＿＿＿＿＿＿＿

有哪些点做得很棒？ ＿＿＿＿＿＿＿＿＿＿＿＿＿＿＿＿＿＿＿＿＿＿＿＿＿＿＿＿

有哪些还需要努力？ ＿＿＿＿＿＿＿＿＿＿＿＿＿＿＿＿＿＿＿＿＿＿＿＿＿＿＿＿

准备用什么方法？ ＿＿＿＿＿＿＿＿＿＿＿＿＿＿＿＿＿＿＿＿＿＿＿＿＿＿＿＿＿

图4-6 反思表与清单（续）

作业工作量统计表：创新"作业工作量"工具的统计与折换算制度，重在评价学生作业完成的数量。在数量统计的评价过程中，学生、家长、教师都对作业数量、作业负担做到心中有数、手中有据。不同学段、不同学习能力的学生依据一定的标准进行差异化评价，既能体现学习过程的公平，也能兼顾学生学情的差异，体现了合同作业评价的科学性与灵活性。

二、单学科合同作业通用样例与设计说明

具体而言，"单学科单元合同作业"由"单学科单元合同作业+整理规划单"组成，它是基于单元整组教学，以一周或两周为时间单位进行单元作业设计，并以学生自我规划能力培养为目标，通过师生双方共同约定让学生自主选择要完成作业的时间和内容的一种作业形式。

学校经过多年探索，设计出了"高段单学科合同作业"基础样例。在此基础上，各学科教研组根据学科特点，设计出了各科单元合同作业样例，包含学习目标、学习任务、参考资料、学习策略、评价反思等，旨在以大单元整合教学设计为基础，为学生明确学习的目标、计划、任务和评价，提供作业任务的推进支架，提升学生对作业的完成度。下面将对语文、数学、英语学科的单元合同作业样例设计做具体说明。

（一）语文合同作业设计说明

经过学校语文教研组的探讨，语文单元合同作业主要包含以下要素（见表4-2）：单元标题、单元学习概述、单元学习目标、教学活动安排、学习任务、评价标准、评价与反思、重要提醒以及签约栏。

表4-2　语文合同作业样例要素

要素	介绍
单元标题	根据语文教材确定单元学习主题，确定学习周期、学习导师、特殊活动或者在复习时期标注相应的活动或专题复习主题
单元学习概述	简要概述单元学习内容，明确语文要素，也可用导语激发学生的学习兴趣

续表

要素	介绍
单元学习目标	这是基于教师单元整体教学思考下的目标的细化，这里的目标是学生学完这一单元要达成的目标，要具体化、可评价、可读性强，主要涉及语文要素目标的达成，当然也不能忽略过程中学习品质的养成
教学活动安排	教师要提前安排好本周授课计划以及相关语文活动，这是学生规划学习任务的重要参考
学习任务	教师要提前备好学生的作业计划，与本周教学活动安排一致，以时间为轴罗列好必做、选做作业。最关键的是，每一项作业都是为了达成学习目标，所以要设计对应目标下的作业，同一目标下作业也要进行难易分层，对作业进行作业量的折换算，让学生对作业有基本的难易认识
评价标准	学习成果评价标准是单元学习目标的细化，教师要具体列出每条标准，甚至把不同水平的标准也具体描述出来。评价标准与单元学习目标和学习依据要相对应，若能量化，让学生有更明确的评价指标，会更有利于评价与反馈
评价与反思	一般情况下，可以引导学生反思自己的收获、不足以及下周改进之处。教师还可以围绕本单元的语文要素设计反思问题，在反思中进一步促进其对语文要素的认知，为复习巩固以及下一步的学习做更科学的诊断
重要提醒	由于语文学习会涉及作业以外的内容，比如每日阅读、语文活动等，有些长周期的作业也需要教师提醒，因此这一部分的内容常常是以备忘录的形式出现，或者直接标注在学习任务区
签约栏	与其他类型的合同作业一样，合同作业中必须具备合同相关的元素，如签约栏，以签约的方式尊重学生的主体地位

（二）数学合同作业设计说明

此数学单元合同作业是围绕人教版小学高年级数学教材单元内容设计的，共分六个板块，分别是：学习概述、学习目标、课堂学习安排、学习任务、评价与反思、达成约定（见表4-3）。

表 4-3　数学合同作业样例要素

要素	介绍
学习概述	简要回顾与本单元相关的旧知，再介绍本单元学习内容，引出后续将要学习的知识，帮助学生整体把握单元知识脉络，引发探究兴趣
学习目标	罗列本单元学习目标，并附有学生自评栏。其中，目标要合理、简洁、清晰，让学生知道做到什么程度才算达成目标，有利于学生客观、准确地进行自评
课堂学习安排	教师按照每周5课时提前规划单元课堂学习安排，学习内容包括：单元开启与规划、新授课、练习与错题讲解、整理与反思四种课型。学生参考教师教学安排，选择规划每日相应的数学学习任务
学习任务	任务分为必做与选做。必做任务有学历案、作业本。选做任务有错题整理、思维导图、数学阅读、综合与实践，还提供一个空白选项供学生自主填写。各项任务均有规定的完成时间，及相应工作量的换折算。同时，学生可以根据完成情况在提前、按时、延迟三个选项中画"√"，给☆涂色表示及时订正
评价与反思	评价分学业规划、课堂表现和目标达成三项，其中学业规划和目标达成属于客观评价，将各项任务完成情况作为学习证据进行评价。课堂表现属于主观评价，重点评价课堂上认真倾听和积极回应这两项内容，并且对这两项分别给出两个简要的评价指标。反思则侧重于知识的理解与掌握，个人的收获与成长，为了方便学生描述，提供了简要的模板和说明
达成约定	明确责任与义务，培养契约精神。签约时间一般放在单元开启与规划课上，学生了解单元学习内容和任务要求之后，完成自主规划，通过双方签字达成约定

（三）英语合同作业设计说明

在学校英语教材整合的背景下，英语单元合同作业与其他学科有所不同，如表4-4所示，英语单元合同作业主要分为单元作业区和整理反思表。

表 4-4　英语合同作业样例要素

要素	介绍
单元概述	提出本单元学习主题，并简单介绍本单元学习内容及相关知识点，帮助学生整体把握单元知识框架
单元学习任务	整体罗列指向单元目标达成的学习常规活动、拓展任务及相应工作量，有助于学生对单元工作量及任务难度有基本的了解，并提前做好学习规划
单元学习建议	结合单元目标及学习任务，提供合适的学习建议，合同作业为学生自主学习提供相应的学习支架
任务约定	与其他类型的合同作业一样，合同作业中必须具备合同相关的元素，如签约栏，以签约的方式尊重学生的主体地位
单元学习目标与具体内容	目标、内容、任务要一致：教师为学生对本单元的具体学习目标、学习内容和目标下的任务提供了可视化的清晰的信息。与语文、数学单元合同作业相似，英语单元合同作业也将学生的作业内容细分为每项目标下的作业任务，提升了作业内容设计的科学性和系统性；并将整体的相关作业信息整合在学习合同中，使学生获得了对本单元的学习内容和作业任务的自主学习途径
整理反思表	评价、反馈、反思有支架：为学生对部分任务的选择和对目标的评价反馈提供清晰的支撑工具，注重同伴学习评价以及自主学习策略的总结

三、单学科合同作业个性化探索

学校教师在单元作业的研究道路上持续深耕，涌现出了许多敢为人先的创新做法，为单元作业的研究积攒了实践经验，探索出了许多个性化版本。下文以个别案例为引，阐述我们的创新做法。

（一）语文合同作业个性化的探索

语文教研组尝试将语文综合实践活动项目化，将学生在活动中所需要的学习支架以合同作业的形式编辑成项目化学习手册。以四年级"轻叩诗歌大门"单元为例，合同作业中主要包含项目导航、项目规划、签约区、诗歌自主学习卡、整理反思单、诗歌欣赏以及诗集制作区等内容。

在项目导航中，介绍了本次活动的主题，创设诗歌学习情境，引发学生对本次学习收获的期待，同时，引导学生设想完成诗集中可能会遇到的困难，思考相应的解决办法。基于项目导航部分的思考，学生即可利用"时间逆推法"自行规划，并与导师签约。

诗歌创作自主学习卡和朗诵自主学习卡，学生利用自主学习卡自主学习诗歌创作和朗诵，在此过程中记录自己对这次学习的理解、目标、计划，以及自我的评价与反思，提高学习力，提升语文素养。

在完成整个项目后，学生需要完成整理反思单，此内容主要是学生对自己在项目活动中的表现进行评价与反思，与通用合同作业样例的设计思路保持一致。手册最后还附上诗集制作区，内含诗歌欣赏、摘抄、创作、朗诵等学习支架，并附有空白页面，供学生自由创作，最终形成个性化的诗歌手册。

（二）数学合同作业个性化探索

"指向学习力的小学数学"合同作业的开发与实践是一项充满创新的探索，旨在激发学生的学习兴趣，提升学习动力，培养学习能力。在合同中，我们充分考虑了学生的学习需求和个性化差异，引入了多个元素，以帮助学生全面发展。

首先，合同作业中包含了单元导引，学生可以通过导引了解本次学习的主题和学习情境，引发对学习的期待，同时借助导引思考可能遇到的困难和解决办法。这样的设计旨在激发学生的学习兴趣，使他们在学习中有所期待和挑战（见图4-7）。

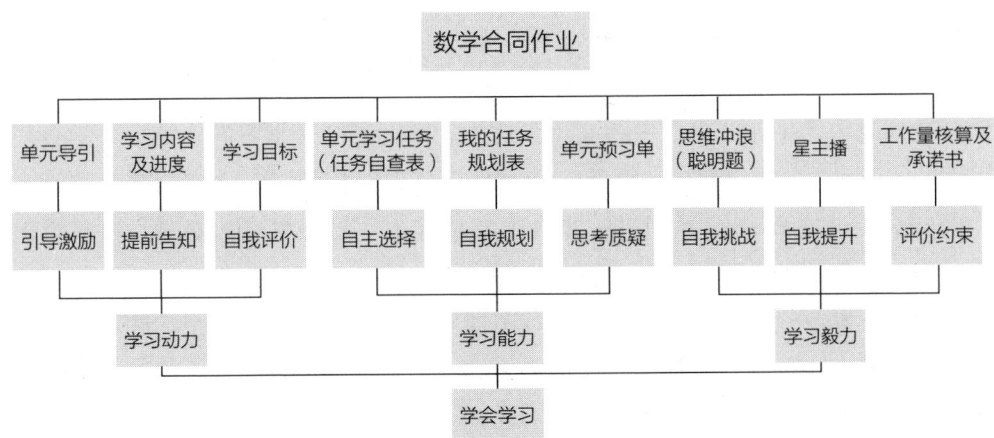

图4-7 数学合同作业内容要素模型图

其次，合同中增加了单元预习单和单元整理，形成了学习闭环。学生在预习阶段，通过填写预习单来准备学习内容，为后续学习做好铺垫；在学习结束后，通过整理单元知识和错题，加深对知识的理解和掌握，同时提升学业整理能力。这样的设计促使学生对学习内容进行反复思考和总结，从而巩固知识和技能，提高学习效果。

最后，合同作业中设置了思维冲浪和星主播等拓展作业，为学有余力的学生提供挑战和发展的机会。在思维冲浪中，学生可以进行聪明题的训练，锻炼思维逻辑和解决问题的能力；而星主播则可以通过表演和演讲等形式，展示自己的学习成果，提升综合素养。这样的设计既发挥出了学生自主学习的能力，又培养了学生的创新精神和综合素质。

指向学习力的小学数学合同作业的开发与实践是一次积极探索，旨在激发学生学习的主动性和积极性。通过个性化的合同设计，学生能够自主选择学习任务，规划学习进度，形成自主学习的习惯。同时，丰富多样的拓展作业激发了学生的学习兴趣和创新精神。

我们相信这样的探索将为学生的学习发展提供更多的可能性，也为教育教学的个性化发展探索出一条新的路径。

（三）英语合同作业个性化探索

此处的英语合同作业个性化案例由叶慧妘老师设计，源于学校英语课堂改革。在课堂改革中，叶老师将英语课堂定位为"项目式"学习的课堂，将每一个单元的学习设定为一个"话题项目"，也就是说学生不再是学习第几册的第几单元，而是研究和探讨某一个"话题"。那么"话题项目"学习下的单元合同作业也将有所改革和创新。

本案例是围绕小学英语朗文教材5A第一单元内容设计的。根据叶老师的教学设计，此单元是在"生活中的变化"这个大话题下展开学习的。学生要学会使用"be going to"的句型描述变化，和同伴分享，互相鼓励，并阅读配套的绘本故事*Rita the Big Sister*，从而进一步发展共情能力、辩证思维，同时，在整个学习过程中贯穿"听说读写演"的技能训练。

因此，本单元英语课堂也与常规英语课堂不同，将以完成一个话题项目的形式进行。那么，在结合常规合同作业要素和"项目式合同"要素之后，本单元合同作业设计如下。

学习主体（甲方）：_____

学习辅助（乙方）：___Vanessa Ye___

为实现教与学的最佳效果，秉着"自律、自主、合作、担当"的原则，经协商，双方达成以下共识并共同遵守：

第一条 总则

甲方将于_____年___月____—___月___日期间完成_____的话题学习，并达成相应的学习目标。由乙方提供课堂教学、课后辅导、学业反馈和评测工作。

第二条 甲方的权利

1. 甲方有选择具体任务、规划完成时限、选择反馈方式的权利；

2. 甲方有保留自己成绩及作品的权利；

3. 甲方有提出合同修改建议的权利。

第三条 甲方的义务

1. 甲方有义务以认真自律的态度，积极参与由乙方组织的课堂教学活动，并做好课前准备。本话题下的课堂活动安排如下（上一个合同获"优秀"者可选择任意_____次课堂活动）：

请选	话题	内容	教学目标	课时
1□	Changes at Mary's home	1. Chapter 1 Part A &B 2. Act Mary（Hot-seating）	学会使用"I'm going to"描述即将发生的变化	1
2□	Changes at our home	1. Chapter 1 Part F 2. Share everyone's changes at home 3. Vote the most exciting changes	巩固"I'm going to"的使用； 练习"He/She is going to"的使用	1
3□	Changes at home	听力练习册	能够在熟悉的话题下获得信息	1
4□	Changes at school	1. Chapter 1 Part E 2. Your idea of coping the changes	学会使用"What are you going to do with it?"提问	1
5□	Changes at school	1. Good changes & your plan 2. Bad changes& your plan	学会从不同角度看待事物，并积极对应生活中的变化	2
6□	At Kevin's home	Chapter 1 Part C & D	阅读故事，分享观点	2
7□	Rita the big sister	配套绘本	阅读故事，分享观点	2
8□	Grammar focus	语法练习册	梳理本单元语法知识点	1

□注：请提前勾选有意向参加的课堂活动，以便乙方准备相应数量的课堂活动材料，避免浪费。

2. 甲方有义务获得至少8个工作量以保障学习效果。请在以下任务中选择：

任务	任务内容（请勾选）	工作量	时间规划	学习建议
背诵（可选）	Chapter1 PartC 第二段落 □	1		跟读课文录音助你快速背诵！每天打卡纳米盒朗读！
	Chapter1 PartC 第三段落 □	1		
	Chapter1 PartG poem □	1		
练习册	Pretask P1—4（含订正）	2		课前看，课后做，保质高效！切勿不懂装懂，乱写一通。
	Grammar P1—4（含订正）	2		
词句	单元词句过关（见附件词句表）	1		必选！每日勤勉，不惧未来！
阅读	Rita the Big Sister	2		认真完成测试卷并校对答案！
私人定制		1—3		1. 根据学生个人情况的定制。2. 学科间可互抵的学习任务。

3. 甲方有义务提交阶段性书面任务证明阶段性学习成果，并选择任一方式提交最终学习成果。

阶段	任务	目标	学习建议	工作量	截止日期
1	你的身边一定有许多即将发生的变化，请分别分享一个发生在你家里、学校里和你同学身上的变化和打算	你将学习注意你生活中的变化，并练习用"be going to do"的句型来进行书面表达	1. 阅读课本 P1—2 2. 参加1—2 课堂活动	1	9月9日
2	Mary即将有个弟弟，她很不开心，觉得自己拥有的一切都将要和他分享了。你会如何让她意识到这是一个美好的变化呢？请你给她写一封信吧	你将训练以不同的角度看待事物的能力。并继续巩固"be going to do"的使用	1. 参加5—6 课堂活动 2. 阅读配套绘本	2	9月16日
最终（可选）	请你以"Changes in life"为题写一篇作文，体裁不限。80字左右	表达你的想法，训练英语思维&书面表达	复习课本 P1—8，回顾整个学习过程	3	9月23日
	请你和同学创编对话并录视频表演。1分钟左右	复习巩固本单元核心词句，训练口头表达		2	

注意：请在截止时间前向乙方提交各阶段的学习成果，并依据乙方的建议进行修改。

第四条　乙方的权利

1. 乙方有拒收退回不合格作业作品的权利；

2. 乙方有维护课堂纪律的权利（有权利将不合作的学生请出教室）；

3. 乙方有变更课堂活动内容和时间的权利；

4. 乙方有跟进视察甲方合同履行情况的权利。

第五条　乙方的义务

1. 乙方有义务组织有效的课堂活动，并按约定准时上下课，不得拖堂；

2. 乙方有义务及时批改并反馈甲方的作业任务；

3. 乙方有义务为有需要的学生提供报听写、作业辅导、反馈评价、答疑解惑等服务。

第六条　违约责任

1. 甲方未能认真积极参与课堂活动，并获课堂批评3次以上，则失去期末评优评先资格；

2. 甲方未能获得少于1个工作量的背诵任务，则需抄写指定内容3次；

3. 甲方未能以任何方式展现学习成果，则失去获得新的英语学习合同的资格；

4. 甲方未能获得承诺的工作量，则＿＿＿＿＿＿＿＿＿＿＿＿＿＿＿＿＿＿；

5. 乙方未能准时上下课，则＿＿＿＿＿＿＿＿＿＿＿＿＿＿＿＿＿＿。

第七条　免责条款

因不可控因素，包括但不限于生病、事假、学校活动冲突、天灾人祸等其他未尽事宜，造成任何一方未能完成合同规定事宜，双方可协商后另作处理。

我，＿＿＿＿＿＿＿，承诺以最大的热情和能力投入到本话题的学习。

我，＿Vanessa Ye＿，承诺以最大的力量帮助＿＿＿＿＿＿达成学习目标。

I have reviewed and accept the above learning contract. 我已经仔细阅读并同意以上的学习合同内容。

Student学生（甲方）：＿＿＿＿＿＿　　　　日期：＿＿＿＿＿＿

Teacher老师（乙方）：＿＿＿＿＿＿　　　　日期：＿＿＿＿＿＿

第三节　单学科合同作业的实施

中高年段旨在培养学生的规划力、践行力、自控力、反思力等关键能力。教师逐步"放权"给学生，只向学生解读合同作业，使学生明确作业目标与要求，明白任务意义，其余均由学生主导，这有利于激发学生的内驱力，培养学习的责任感。在这个过程中，教师不是管理者，而是引导者，根据学生的个体差异，提供单元预习单、复习清单、微课视频等资源，能起到支架作用，帮助学生扫除学习障碍，提高自主学习的成就感与自我效能感。

中高段合同作业实施流程如图4-8所示。

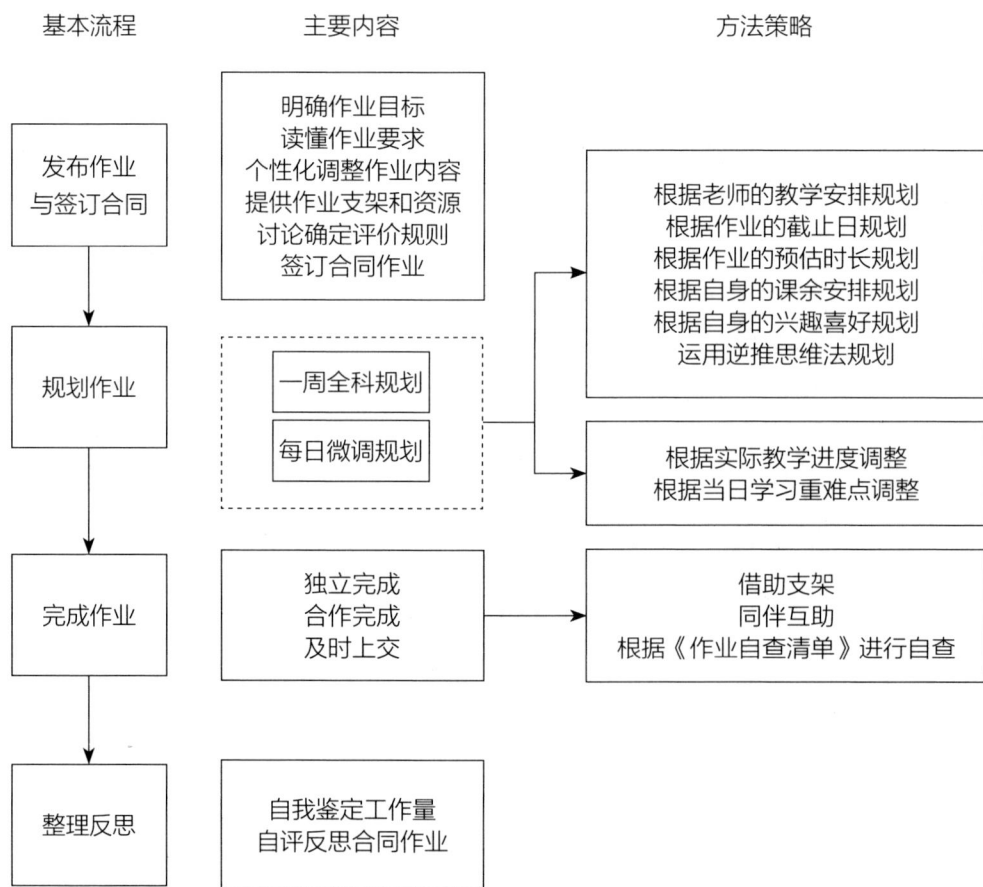

基本流程	主要内容	方法策略
发布作业与签订合同	明确作业目标 读懂作业要求 个性化调整作业内容 提供作业支架和资源 讨论确定评价规则 签订合同作业	
规划作业	一周全科规划	根据老师的教学安排规划 根据作业的截止日规划 根据作业的预估时长规划 根据自身的课余安排规划 根据自身的兴趣喜好规划 运用逆推思维法规划
	每日微调规划	根据实际教学进度调整 根据当日学习重难点调整
完成作业	独立完成 合作完成 及时上交	借助支架 同伴互助 根据《作业自查清单》进行自查
整理反思	自我鉴定工作量 自评反思合同作业	

图4-8　中高段合同作业实施流程

一、发布作业与签订合同

单学科合同作业以本周五到下周四为一个周期，每周五发布后，师生共同签订。在"签订合同"前，教师要向学生解读合同作业的各部分内容，重点明确本期作业目标，并让学生了解学习进度、与目标相匹配的各项作业的具体要求。苏联教育家沙塔洛夫认为，求知欲和力求实现自己的理想的愿望是每个人所特有的天性。如果教师让每个学生都感到完成作业是内在需要，那么，作业就会成为学生的自觉行为，反之就会成为一种负担。因此，解读合同作业时，明确作业任务与学习目标的匹配度，能让学生感受到作业的价值，从而激发内驱力，培养学习责任感。

接着，教师可以引导学生根据自己的学习特点对作业进行个性化调整，这样既尊重了学生的"自由选择"，又提高了作业的针对性。主要体现在两方面。

（一）根据自身兴趣与特长选择作业展示的不同方式

如图4-9所示，同样是"古典名著人物大展台"，擅长美术的学生可以选择制作图文结合的三国英雄卡、红楼人物书签；擅长文字的学生可以选择古典名著人物评述；擅长表演的学生可以选择扮演书中的一个人物，等等。这样不仅可以让学生各尽其才，收获丰富的学习效果，而且可以促进学生之间相互学习，让学生在各种形式的作业中收获自信，感受兴趣，获得成就感。

"古典名著人物大展台"项目选择作业　　　　周五上交　　　　工作量：1.5个
（　　　）
A. 三国英雄卡（图文结合）
B. 红楼人物书签（图文结合）
C. 古典名著人物评述（根据人物言行进行形象分析，有理有据，可辅以PPT）
D. 扮演一个书中的人物（根据人物特点写独白，设计动作）
……

我选择（　　　）

图4-9　五年级下册语文合同作业中的选择作业

（二）根据同一目标选择不同类型的作业任务

如图4-10中的目标一，同样是为达成"能恰当表达毕业情感"的目标，在学

二周学习任务

打 ★ 为选做任务

学习过程：

> **目标一：表达对老师和学校的感恩之情。**

1. 完成第六单元作业本（工作量：2天）

2. 完成第六单元5篇阅读练习（工作量2天）

3. 习作两篇：给老师写一封信；同学小传（工作量：2天）

4. 为同学们写毕业赠言（工作量：1天）

> **目标二：用自己喜欢的方式制作成长纪念册。**

制作成长纪念册（两周时间　工作量：4天）

> **目标三：复习拼音和诗词、日积月累。**

1. 完成拼音练习　（工作量：2天）

2. 完成诗词过关练习　（工作量：2天）

> **目标四：整本书阅读《文化课》（额外工作量：2天）**

1. 完成阅读单（工作量1天）

2. ★每日课外阅读半小时，记录到《阅读手册》上

3. ★每周有摘抄和练笔至少100字的语段摘录（有画面感，有感染力）

本单元我打算完成的学习活动和任务有：

目标一（　　　　　　　）
目标二（　　　　　　　）
目标三（　　　　　　　）
目标四（　　　　　　　）

我的学习证据是：

1.	2.
3.	4.

图4-10　六年级下册语文合同作业中的学习任务板块

生完成三个必做的学习任务后，鼓励学有余力的孩子继续完成其他类型的毕业成果。

让学生灵活运用，自主选择作业，这既是对学生差异的尊重，也是学生自我评价、自我反思的一种体现。学生在不断选择、执行、评价反思的过程中，明白自己与目标之间的距离，在习得知识技能的同时，提升自我认知能力。此外，学生拥有了自主选择权，也更有可能把教师设定的目标真正变成自己的学习需求，有效激活内驱力。

在作业进行个性化交流之后，教师再根据学生的需求，提供单元预习单、复习清单、微课视频等资源，起到支架作用，帮助学生一步一步攀升，逐渐发现和解决问题，扫除学习障碍，提高自主学习的成就感与自我效能感。

合同作业上的评价标准是在设计合同时，经教研组讨论给出的初稿，在签订合同前，教师务必与学生逐条朗读，鼓励学生提出不同意见，经集体讨论后，达成共识，并做必要的调整。

最后，师生充满仪式感地在合同作业上签下自己的名字，标志着契约达成（见图4-11）。

我已经仔细阅读并同意在期限内完成合同内容。

学生签字：＿＿＿＿＿＿＿＿＿＿＿＿＿＿＿＿＿

导师签字：＿＿＿＿＿＿＿＿＿＿＿＿＿＿＿＿＿

日　　期：＿＿＿＿＿＿＿＿＿＿＿＿＿＿＿＿＿

图4-11　签名栏

二、规划作业

（一）一周统整规划

在签订了语文、数学、英语合同作业后，学生继续利用整理课时间，将这些合同作业进行一周的统整规划。教师会指导学生运用一些规划策略，如逆推思维法，根据作业的截止时间和教师的教学安排进行规划；或者根据自己的课余安排和兴趣喜好进行规划，还可以根据作业的预估时长来制订计划。然而，对不同学习任务的时间预估是一个具有挑战性的任务。因此，教师应鼓励学生记录每项作业的实际完成时长，并在全班交流中与自己的预估时间进行比较。通过这样的练习，学生逐渐对自己完成不同学习任务的能力有了更客观的认识，并在思维碰撞中找到了管理时间、提高学习效率的方法。例如，在开始做作业前，先把喝水、上洗手间等事情都安排妥当，然后一气呵成地完成作业。

经过一段时间的"规划—执行—反思—规划"的大循环实践，学生逐渐遵循"逆推思维"和"要事优先"的原则，找到了适合自身学习节奏的多学科规划方案。举例来说，学习能力强的学生可能会在周末先完成所有能做的任务，从而在周一到周四获得更多的自主时间，用于课外阅读和自己感兴趣的事情。而学习能力较弱的学生可能会将周末主要用于弥补上一周未达标的学习任务，新任务则安排在教师授课之后进行。对于难易程度不同的作业，他们也会进行区别对待，简单的作业留在家里完成，而更具挑战性或需要合作的作业则在学校完成。还有一些学生会尽量避免在有课外班的当天安排过多学习任务，以免超出自己的负荷能力。

这样的规划实施使学生在课业和课外活动之间找到了平衡，充分利用了时间，提高了学习效率和学习动力。同时，学生也在实践中培养了自主学习的能力和责任感，为未来的学习和生活打下了坚实的基础（见图4-12）。

（二）每日微调规划

在单元合同作业的实施过程中，学生除了每周进行一次多学科统整规划，还需在每天的整理课上进行微调规划。这个微调规划的过程是根据实际教学进度和当日学习的重难点来进行调整，同时补充当日的订正任务。为了使学生的思维过程更加清晰，教师和学生约定使用不同颜色的笔来表示不同的规划内容，黑色笔用于制订一周的整体规划，而蓝色笔则用于记录每天的微调内容。

这样的微调规划过程非常灵活和实用。在整理课上，学生可以根据教师的指导和当天的学习进度，对原定的一周规划进行适度的调整。例如，某一科目的学习进展较快，学生可以提前完成相应的作业，从而腾出更多时间用于其他学科或充实自己的课外活动。而对于学习中的重难点，教师可以根据学生的掌握情况，增加额外的订正任务或辅导内容，以帮助学生更好地理解和掌握知识。

通过每日的微调规划，学生不仅能够更好地把握学习进度，合理分配学习时间，还能有效避免临时抱佛脚的情况。同时，这种灵活的规划方式也有助于培养学生的学习主动性和计划能力，使他们在学习过程中体验到自主决策和管理

| 整理启动
(5分钟) 学业
回顾，调整规划 | 零帮助时段
(20分钟) 借助
支架，自主整理 | 互助时段
(20分钟) 推名
牌，寻求帮助 | 整理反思
(5分钟) 自我
评价，自我调节 |

	语文	数学	英语	整理反思
周五	订正□　解惑□	订正□　解惑□	订正□　解惑□	目标达成： 整理策略：
周末	订正□　解惑□	订正□　解惑□	订正□　解惑□	目标达成： 整理策略：
周一	订正□　解惑□	订正□　解惑□	订正□　解惑□	目标达成： 整理策略：
周二	订正□　解惑□	订正□　解惑□	订正□　解惑□	目标达成： 整理策略：
周三	订正□　解惑□	订正□　解惑□	订正□　解惑□	目标达成： 整理策略：
周四	订正□　解惑□	订正□　解惑□	订正□　解惑□	目标达成： 整理策略：
本周阅读书单				
本周阅读自评				

图4-12　六年级下册合同作业中的规划整理部分

的乐趣。

此外，采用黑色笔和蓝色笔的规划方式也让整个规划过程更加直观、易于理解。学生可以一目了然地看到一周的整体规划和每天的微调变化，从而更好地调整自己的学习态度和方法。同时，通过这种可视化的规划方式，学生也能更深刻地认识到规划的重要性，从而在日常学习中形成良好的规划习惯，为未来的学习和成长打下坚实的基础。

三、完成作业

学校在学生完成作业的过程中采取了一系列有益的措施，以提高学生的自主学习效果和学习管理能力。学校鼓励学生在整理课和课后管理时间完成作业，制订相应的奖励机制，引导学生更好地安排学习时间，避免了课后拖延的情况发生。

在整理课的"零帮助时段"，学生独立完成作业，借助学科整理室的资源支架如书籍、参考资料等，积极自主地解决问题，从而培养了独立学习能力。

而在整理课的"互助时段"，学生可以通过预约导师或小导师，解决自己不能独立完成的学习任务。这种互助学习的形式不仅有助于解决学习难题，还能促进学生之间的合作与交流，培养学生的团队合作精神和领导能力。

图4-13为每日整理课的基本内容。

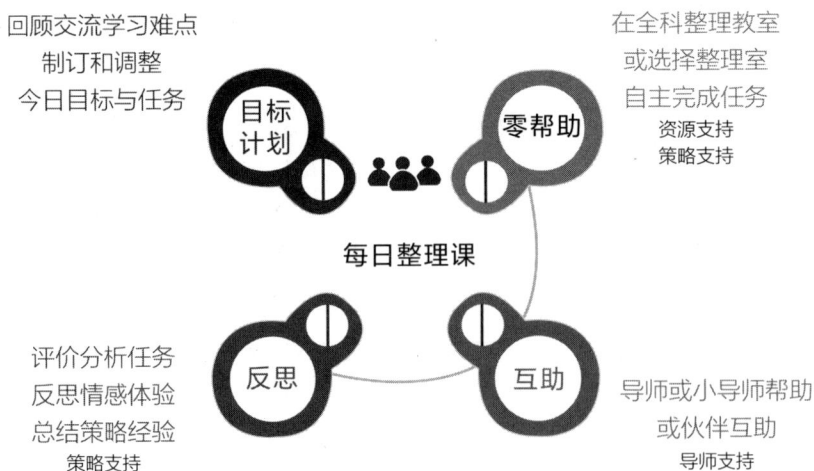

回顾交流学习难点
制订和调整
今日目标与任务

目标计划

在全科整理教室
或选择整理室
自主完成任务

零帮助

资源支持
策略支持

每日整理课

评价分析任务
反思情感体验
总结策略经验
策略支持

反思

互助

导师或小导师帮助
或伙伴互助
导师支持

图4-13　温州道尔顿小学每日整理课"黄金四阶段"

学生小导师由擅长某门学科的学生轮流担任，坐在"有声区"为同学答疑解惑，这种同龄人之间的互助和指导对学习效果与学习氛围的提升非常有益（见图4-14）。

学校鼓励学生将容易的作业带回家里独立完成，将难的作业留在整理课上完成，因为有导师、小导师、资源支架可及时给予支持，这样的鼓励和引导使学生能够更有针对性地安排学习任务，提高了学习效率。

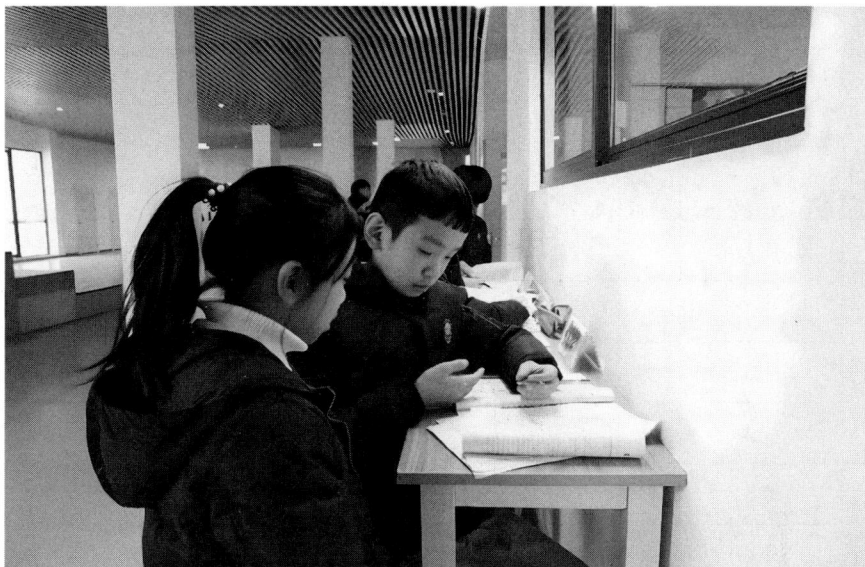

图4-14　学生小导师正在为同学答疑解惑

　　在完成当日规划的所有作业后，学生要对作业进行自查，如教师和学生可以达成共识：每完成一项学习任务，就用红笔在该任务后面打钩，这样的记录方式可以让学生清晰地看到自己的学习进展。同时，这样的自查过程有助于学生发现并改正学习中的错误，提高学习的质量。在完成一周规划的某项作业后，学生要在截止日前及时上交，放到相应的作业筐，这样的规定有助于学生按时完成作业，培养了学生的时间管理能力和责任意识。

四、整理反思

（一）自我鉴定工作量

　　在每周五的整理课前，学生要对自己的一周工作量进行核算，并标注在教室里的工作量表上，让每个人每周的工作量都清晰可见。这样既可以鼓励学生借助工作量表进行横向纵向的比较，发现自己的学习动态，又可以作为学生自我评价反思的重要依据（见表4-5）。

表4-5　六（3）班学生工作量表

组名	组员	第9周			第10周			第11周			第12周		
		语文	数学	英语	语文	数学	英语	语文	数学	英语	语文	数学	英语
组1	生1												
	生2												
	生3												
	生4												
组2	生5												
	生6												
	生7												
	生8												
……	……												

（二）自评反思合同作业

元认知能力是影响学生自主学习的一个非常重要的因素。认知能力会随着年龄的增长逐步发展，而元认知能力需要有意识地培养。美国心理学家约翰·弗拉维尔（John H. Flavell）在20世纪70年代提出，培养元认知能力，学习者需要参与元认知的三个不同阶段：一是创建学习计划，二是监测理解过程，三是评估与反思。因此，教师要不断创设机会，有意识地引导学生进行自我评估，反思自己的学习情况，进而有针对性地调整自己的学习目标与规划。

在每天整理课的最后一个时段，学生要在合同作业上对自己当日整理课的目标达成度与学习策略进行反思和记录（见表4-6）。目标达成度用等级制记录：完成规划的学习任务，达成目标的打3分；不但完成规划的任务，还把后续任务提前完成的打4分；没有完成规划任务的打2分。学习策略用描述性语言简要记录，如"全神贯注""充分利用教室里的学习支架""订正任务优先完成""难题优先解决"等。在学生静静地做好反思后，教师再请两三个不同水平的学生进行全班分享，相机点评提炼，对学习方法和策略进行引导。

表4-6 高年级每日整理反思

整理反思	课后管理
目标达成：	☆ ☆ ☆ ☆
整理策略：	备注：
	老师签字：

每周五，在上交合同作业之前，学生还要确认完成周反思。反思内容包括目标的达成情况、学习方法策略和个人学习体验等，以增强自我认知。

此外，在每个月的"整理日"和每个学期末的"个人综述"活动中，学生都要对相应阶段的合同作业进行再反思。

这样，通过不断地及时自评与反思，班级里逐渐形成了一种良性的学习场，较好地促成了同伴之间取长补短的氛围，一定程度上发展了学生的自我监控能力。在整个合同作业实施过程中，学生不仅学会了自主规划、时间管理，还学会了自主学习的方法策略，增强了自我反思与调节的能力（见图4-15）。

我的评价与反思

根据评价标准，我的目标达成情况是：全部达成□ 部分达成□ 大部分没达成□
本周我达成或没达成学习目标的原因是：＿＿＿＿＿＿＿＿＿＿＿＿＿＿＿＿＿＿
本周的学习让我最喜欢的是：＿＿＿＿＿＿＿＿＿＿＿＿＿＿＿＿＿＿＿＿＿＿＿
让我最有挑战的是：＿＿＿＿＿＿＿＿＿＿＿＿＿＿＿＿＿＿＿＿＿＿＿＿＿＿＿
我积累到了这样的经验：＿＿＿＿＿＿＿＿＿＿＿＿＿＿＿＿＿＿＿＿＿＿＿＿＿

图4-15 六年级下册合同作业中的周反思部分

第四节 单学科合同作业的反馈与指导

单学科合同作业的设计，不仅强调目标导向、整体设计，而且强调反馈与指导。即作业设计应该根据学生实际的作业结果，分析学生学习存在的问题，开展有一定针对性的反馈指导。因此，单学科单元合同作业设计强调"作业目标—作业内容—作业实施—结果反馈"的自我循环与完善。

一、收集统计作业

作业的收集与统计是单学科单元合同作业反馈与指导的前提。它可以保证学生在约定时间内保质保量地完成作业，确保合同作业的布置能够充分发挥应有的积极作用。与以往小组长收集作业或教师统一收集作业的传统方式不同，每个班级都为学生提供了作业筐、彩虹贴等作业提交的途径，以方便学生自主提交作业、教师更快统计作业。学生在提交作业之前，需完成工作量表的统计。

（一）学生工作量表的统计

由于个性化的合同作业设计，学生可以根据自己的学习能力和个性需求选择不同的任务以获得足够的工作量。如表4-7这份英语合同作业。

表4-7　学生工作量表统计

任务	任务内容（请勾选）	工作量	时间规划	学习建议
背诵 （可选）	Chapter 1 Part C 第二段落　☐	1		跟读课文录音助你快速背诵！每天打卡纳米盒朗读。
	Chapter 1 Part C 第三段落　☐	1		
	Chapter 1 Part G poem　☐	1		
练习册	Pretask P1—4（含订正）	2		课前看，课后做，保质高效！切勿不懂装懂，乱写一通。
	Grammar P1—4（含订正）	2		
词句	单元词句过关（见附件词句表）	1		必选！每日勤勉，不惧未来。
阅读	Rita the Big Sister	2		认真完成测试卷并校对答案。
私人定制		1—3		1. 根据学生个人情况的定制。 2. 学科间可互抵的学习任务。

在背诵任务下，学生可以根据个人情况进行选择，而其他则是必选项目。每个学生一周需达到 7 个工作量。同时，设置了"私人定制"的任务来体现合同的差异性。学生在上交作业前，需核对自己是否已完成规定的工作量。

（二）个性化收集

为提高学生的自主整理能力以及作业提交效率，教师应为学生提供可视化的作业提交途径，如每个班级里都有各学科作业上交筐。学生根据合同约定，将当天要交的作业放在相应学科的作业筐内，并将自己的姓名夹夹在作业筐上，表示当科作业已上交。每个小组的姓名夹颜色都不相同，教师根据不同颜色夹子的数量来判断哪个小组作业没有交齐，从而知道哪位学生作业未及时上交。有些班级还使用彩虹贴，教师将不同颜色的彩虹贴贴在不同小组作业的书脊上，在统计作业时，根据小组颜色，对未及时上交的学生作业一目了然，学号贴也是同理。这种可视化的作业提交方式可以让学生自主提交作业，对于教师来说，这更有利于他们及时把握学生的作业完成情况（见图4-16）。

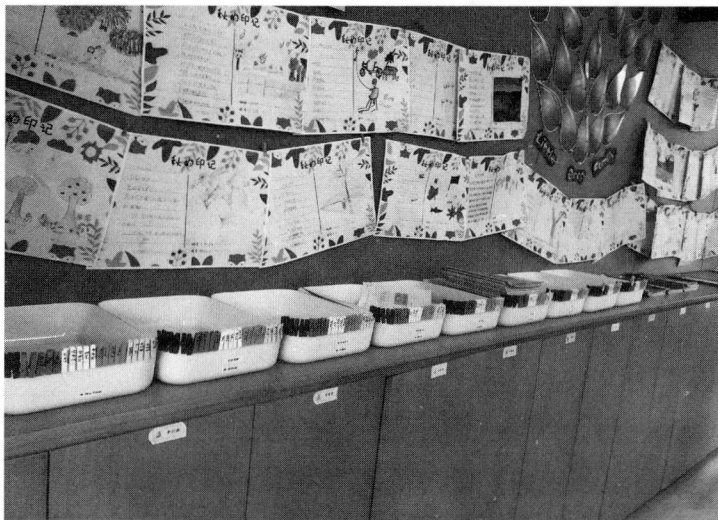

图4-16 放在教室后面的作业收集筐

二、批改分析作业

学生上交作业后，教师需要对学生的作业进行批改与分析。作业批改与分析是作业设计、布置、批改、分析、反馈与跟进的重要环节，也是学生学会自主整理与反思的重要依据。有效的作业批改能促进学生进行自我反思和自我整理，逐步养成良好的学习习惯，因此，教师在批改作业时，对课内外作业要全批全改，重视二次批改。在批改作业时，应注意使用统一的批改符号，也可使用个性化的反馈，评语正是很好的方法。

（一）统一的批改符号

使用规范统一的批改符号可以使作业批改更动态地呈现，教师在批改时用统一的符号能够准确无误地标示作业情况和需要修改的内容。根据批改情况，教师统计各类作业的错误率情况，一方面掌握相关作业的难度，另一方面了解班级学生的弱项和难点。因此，教师和学生都应熟悉各种符号，人手一份，贴在教材中。这样，学生拿到作业后，就可以依据符号所代表的含义有针对性地进行修改。表4-8为英语学科的批改符号。

表4-8　英语作业批改符号

批改内容		范例
批改等级		4　3　2　1
单词间隔	/#	
单词合并	⌣	
大小写不正确	—	
缺少标点或者单词	^	
多字	\	
四线格错位	↕	
一线格格式错误	↓	
拼写错误	⬭ sp	
语法错误	⬭ G	
单词换位	⬭↪	
内容错误	＿＿?	

　　例如，学生在拿到作业本时，看到符号⬭G，便会意识到此处存在语法错误，进而针对本题的语法点进行订正，并在后续作业中更加注重此语法点的运用。同样，当教师在批改作业时，如果发现该符号反复出现，说明大部分学生对该语法点没有掌握好。因此，教师在后续教学、作业改进与作业反馈时，应更有针对性地进行讲解。

　　准确地运用批改符号能引导学生更加系统、全面地反思自己的学习过程和学习结果，也有利于教师更有针对性地进行作业反馈与指导，进而促进教学反思。

（二）个性化的评语

个性化的评语在作业批改中起着不可或缺的作用。除了判断对错，教师还要关注学生的学习过程，给出个性化的反馈。个性化的评语可以是激励的话、修改的建议、方法的启发、更多的挑战等。有时候，评语不一定是一句话，可以是一个笑脸、一个单词，比如"Nice"或是一个问号，甚至是自己制作的表情和图案印章，都能成为师生沟通的"表情"符号，代表教师对学生学习的激励和期待。通过个性化评语反馈，学生可以看出自己的优点或不足，把反馈转换为自己的进步。因此，个性化评语需具有诊断性、激励性、反思性，以促进学生在学习过程中的自我提升，培养其自我反思的能力，最终提高学生的学习能力。

（三）多方面的作业统计

作业统计是作业批改后的重要环节。通过对学生作业结果进行评价分析，教师不仅可以对学生作业完成情况进行诊断，还能对作业设计质量以及作业的效果进行有效的反思。作业统计可从以下三方面来进行。

统计作业的错误率：主要针对选择题、填空题等客观题题型。教师通过统计作业的错误率情况，一方面掌握相关作业的难度，另一方面了解班级学生的弱项和学习难点，以使接下来的作业讲解更有针对性。

统计分析学生的典型回答：主要针对一些开放题的回答进行分类统计。教师根据学生典型回答，分析学生达成各种核心素养的水平，发现不同学生在不同作业任务中的不同表现，为下一次合同中分层作业的设计提供依据。

统计学生学习习惯等方面存在的问题：主要针对学生在完成作业时所犯的低级错误。例如，在做数学题时，有些学生抄错数字导致题目做错；在做阅读题时，有些学生因为没有在文中画出关键词句导致题目做错。因此，教师在发现学习习惯方面存在的问题时，应及时记录并给予引导，同时关注学生后续学习习惯的养成。

三、反馈指导作业

作业批改后的分析和教学跟进是形成教学良性循环的重要环节。在批改基础上，教师根据不同形式和对象进行作业的可视化展示、学科课堂的指导以及整理课和整理日的指导。

（一）可视化展示

作业成果的展示交流有助于学生在作业中体会价值感和成就感，更有利于学习困难的学生思考并改进自己的作业。因此，学校每学期会举行一次全校性的作业展，年段或班级也会不定期进行作业展示，让学生的想法在这大大小小的作业展中流动起来。每个学生都可以选择一项作业进行展示，可以是自己的优秀作业、用独特方法解决的作业或有效改错的作业等。在作业展中，学生可以给自己欣赏的、有启发性的作业"点赞"，也可以针对其他同学的作业写上自己的想法，在思维碰撞中互相学习。

除作业展外，学有余力的学生还会拍摄小视频，为其他同学讲解做题的思考过程和解题思路，有困难的学生可以根据视频提供的思路，完善自己的作业。

（二）学科课堂的指导

学科课堂时间的有效利用对于学生的学习成效至关重要。在有限的课堂时间内，教师需要巧妙地选择重点进行全班交流，最大限度地提升学生的学习效果和深度。因此，在课堂上，教师会有针对性地选择那些错误比较集中或者学生想法比较丰富的题目进行全班交流。

全班交流的方式多种多样，教师可以根据具体情况选择适合的交流方式。其中之一就是教师讲解，教师可以对一些重要概念、难点知识进行讲解，引导学生深入理解。同时，教师还可以通过示范和解释，帮助学生厘清思路，明确解题思路。

小导师讲解是另一种有效的交流方式。小导师由擅长某门学科的学生担任，他们可以通过讲解的方式，向同学们传授学科知识和解题方法。这样的交流方式不仅能促进学生之间的互助与合作，还能增强学生的自信心和表达能力。

小组反馈和全班讨论也是常见的交流方式。在小组反馈中，学生可以互相分享自己的解题过程和策略，交流彼此的思考和答案。而全班讨论则更加广泛，可以让整个班级一起参与讨论某个问题或主题，充分发挥学生的思维和创造力，促进深层次的思考和理解。

通过这样有针对性的全班交流，教师能够及时了解学生的学习情况和困惑，学生的学习兴趣和积极性也得到进一步激发。课堂上的交流不仅能帮助学生解决问题，还能促进学生之间的合作和交流，营造积极的学习氛围。最终，这种有效的课堂交流将有助于提高学生的学习成效，从而全面提升其学科素养。

（三）整理课和整理日的指导

在每天一节的整理课上，学生通过规划指导、零帮助时段、互助时段和反思时段四个环节，以订正优先、难题先行的原则，落实自己的作业任务。因此，在整理课的各个时段，学生针对不同的需求，通过支架式自我订正（见图4-17）、导师帮助或伙伴互助、一对一个别指导等方式进行作业订正与整理。

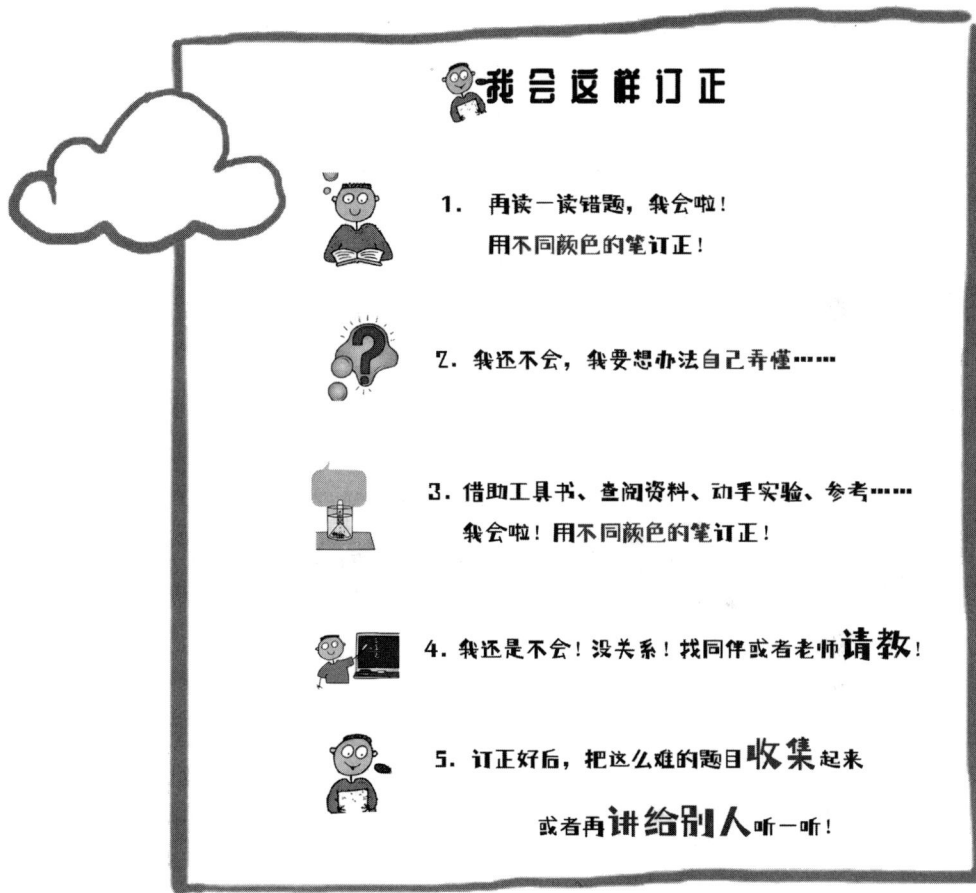

图4-17 订正支架

在零帮助时段，学生可通过学习支架进行自主学习。学习支架包括学习策略指南、自主订正流程以及各学科的作业思路指导指南。学生拿到批改好的作业后，根据相应学习支架的思路进行自我订正。这些支架可以让学生根据自己的节奏进行自主学习和整理。

在互助时段，学生可以寻求小导师或同伴的帮助，来解决相对标准化、不涉及复杂思维的问题。小导师在帮助其他同学解决问题时，首先自己要知道讲解思路，同时要具备更高阶的学习能力和认知能力。另外，寻求帮助的学生在这一过程中也提高了自身的学习能力。因此，"导师帮助"是相辅相成的，学生双方的自主学习能力都得到了发展。

在整理课上，对于不认真完成作业或作业有困难的学生，教师可提前预约，进行私人定制式的辅导，学生也可以根据自己的需求预约教师，进行一对一答疑。对于不同学生，同样的错题反映出来的问题可能并不完全相同，例如，在英语作业中，对于同样的抄写题错误，有的学生是大小写写错，有的学生则是字母写反。因此，在辅导过程中，教师要根据不同学生的学习能力、认知能力、学习习惯以及这段时间表现出来的主要问题，进行有针对性的辅导。

在每月一次的整理日上，学生在教师引领下，对合同作业的完成情况进行自主整理，并利用各学科的整理支架对本单元知识体系和学习策略进行整理。最后，通过PPT、思维导图、手抄报等形式进行综述与反馈。表4-9为一次英语学科整理日的实施内容。

表4-9　英语学科整理日材料整理

材料整理	已订正+已整理		
前任务（Pre-task）	Chapter 3 □ Round up 1 □		Chapter 4 □ Chapter 5 □
语法（Grammar）	Chapter 3 □	Chapter 4 □	Chapter 5□
合同（Contract）	□Ch3-1 □Ch4-1 □Ch5-1	□Ch3-2 □Ch4-2 □Ch5-2	□Ch3-3 □Ch3-4 Revision
听写（Dictation）	□1　□2　□3　□4　□5		
背诵（Recitation）	□Chapter 3　□Chapter 4		
小书虫	□《爱情与金钱》　□《苏格兰玛丽女王》　□《阿拉丁和神灯》		

学生通过材料清单检查本月的材料订正，并进行分类规整；通过策略清单反思学习资源是否充分利用，整理归纳学习策略；通过思维导图将本单元知识内化并重组信息，再用自己的方式梳理知识。

（四）个性化交流

根据合同中"私人定制"作业的设计，每个学生所完成的作业任务不同，教师无法通过课堂或整理课时间一一反馈，因此，教师可通过网络或其他有效方式进行个性化交流。如数学挑战题和阅读作业，选择完成这项任务的学生可以通过录制视频发布在"钉钉群"，教师通过点赞或留言的方式进行反馈，其余同学也可以在评论区进行探讨。除此之外，在晨读或午间时光，班级还会定期举行阅读分享会，学生可以借此展示自己的学习成果，教师与其余同学进行评价反馈。

（五）工作量调整

教师可以统计学生在各项作业目标上的达成度，并根据学生实际完成情况在作业内容、形式、难度等方面进行调整；学生也可以根据作业的反馈与自我评价，对后续合同作业的工作量进行调整。工作量的调整可以是相同工作量下作业形式的调整，也可以是保证达到要求工作量的前提下，进行增加或减少。工作量一览表参见表4-10。

表4-10　Changes in life 工作量一览表

名字	背诵	练习册	词句	阅读	成果	其他	总工作量	是否达标	评级
Jack	1+1	2+2	1	2	1+1+2	0	13	是	优秀
Emily	1	2+2	0	2	1+1+1	1	11	是	良好

学有余力的学生可以通过完成更多学习任务来获得更多工作量，以促进更全面的发展，能力薄弱的学生则将工作量都放在基础练习上，甚至可以以更基础的抄写作业来获得部分工作量，从而巩固基础。

小贴士

单学科合同作业更适合小学高年段学生和中学生使用。在设计和实施的时候，教师需要特别注意的是：

1. 在每个学科下发合同时，请务必与学生共同经历"约定"过程，即一起商量作业的难易程度、作业的量、作业的完成方式等。教师要学会倾听学生的声音。

2. 学生对学习的规划从最初的一天慢慢过渡到一周，这需要循序渐进，不可操之过急。

3. 密切关注学生规划时各学科之间的时间平衡、工作总量和提交时间。

家长感言

　　我是2017级毕业生的家长，同时老二也在今年非常幸运地成了道尔顿一年级新生。相信很多家长对道尔顿赫赫有名的合同作业早有耳闻，与其说这是每周例行的自我规划与自省，不如说是一份精神契约，相互成长，相互成就。这一过程对于塑造孩子起到了绝对核心的作用，无形中让他们朝着一个积极向上的方向蓬勃发展，这更是我们喜闻乐见的。老大就这样在一份份合同作业的陪伴下度过了美好的小学六年，如今升入中学，各科老师也给予了很高的评价，我想这就是母校赠予的宝贵品质，内驱力将是胜利之门的敲门砖。

　　最好的教育是陪孩子一同成长，最好的陪伴是俯身陪孩子一同看世界。"追风赶月莫停留，平芜尽处是春山。"亲爱的孩子，继续生长吧，像树一样，愿将来胜过往！

　　　　　　　　　　　　——2017级5班郑好、2023级1班郑喆家长

第五章

跨学科合同作业的规划、设计与实施

　　将道尔顿教育与本土的整理教育相融合，我们孕育了"多学科合同作业"和"单学科合同作业"。就在合同作业不断迭代的过程中，项目化学习也正逐步开展起来，这更加速了教学方式和学习方式的变革。既然合同作业和项目化学习都指向"自主学习"，那么两者之间是否可以相互融合呢？

本章我们对于合同作业的讨论将引入跨学科学习的领域，探讨如何有效地将不同学科融合到一起，通过合同作业的形式实现综合学习的目标。在这一章里，您将了解到跨学科合同作业如何促进学生在多个领域的知识整合和应用，以及如何通过这种方法提升学生的批判性思维和创新能力。

第一节　跨学科合同作业的整体规划

本节将集中在跨学科合同作业的初步规划阶段，目的是帮助大家理解在设计跨学科合同作业之前必须考虑的关键要素，包括确定学习目标、选择合适的学科组合，以及如何确保不同学科之间的有效整合。我们将讨论如何建立一个坚实的规划基础，以确保后续的设计和实施过程顺利进行。

一、跨学科合同作业

在理解跨学科合同作业之前，我们需要先知道什么是跨学科学习。有关教育领域跨学科学习的研究早在19世纪就已开始，最早由赫尔巴特（Johann F. Herbart）及其弟子齐勒（Tuiskon Ziller）等人确立。国际课程研究促进协会主席张华教授在前人研究基础上进行整合，提出跨学科学习是整合两种或两种以上学科的观念、方法与思维方式，以解决真实问题、产生跨学科理解的课程和教学取向。[1]由此可见，跨学科学习旨在培养学生的自由人格、跨学科意识和创造性解决问题的能力。基于跨学科学习而产生的合同作业即为"跨学科合同作业"。此类作业涉及多种学科的学习及实践过程，要求学生结合多个学科领域的知识、技能和概念，完成特定任务或解决现实生活中的复杂问题，同时在"契约"概念的引领下，自主规划时间与安排学习任务，有效实现跨学科学习目标。

当前，走向并深入实践"跨学科学习"已成为我国基础教育课程改革的重点，而温州道尔顿小学实现跨学科学习的两个抓手就是"项目化学习"和"合同

---

① 张华. 论理解本位跨学科学习［J］. 基础教育课程，2018（22）：7-13.

作业"。项目化学习是一种学习模式，合同作业为它提供了结构和框架，两者结合，自然而然就有了"项目合同作业"，也就是"跨学科合同作业"。

现在的问题就在于：为什么项目化学习需要合同作业的支持？两者是否真正适配？学校在建校之初就积极探索项目化学习模式。经长期观察，我们发现，学生在此类学习中经常会面临的挑战是如何有效组织和管理学习活动。项目化学习往往会设计长时作业，涉及的学科多、内容散且不集中，这就需要一种机制来进行有效的规划和管理。这里涉及一些关键的支撑工具和策略，如时间规划、具体的活动安排等。在前几章的论述中我们知道，合同作业正好可以满足这一需求。通过这样的结构化设计，学生可以更有目的地进行学习，减少盲目摸索的时间，以一种类似"合同"的方式，帮助学生制订学习计划和目标，更好地关注及跟进自己的项目化学习。试想，如果你有一个"助理"一直陪伴在身边，提醒你的学习任务和进度，确保你在整个项目过程中有条不紊，避免常见的拖延或是赶工。更重要的是，它还给你提供具体的活动安排和明确的操作指南，让你的每一个步骤都清晰、具体，确保你不偏离目标。与此同时，它还会提醒你养成一种遵守承诺、履行契约的责任意识，让你在项目化学习中获得的成就感更加强烈。实际上，这不仅对你的学术成长有益，更能对你未来的人生和职业发展起到积极的推动作用。

由此可见，跨学科合同作业是我们结合"项目化学习"与"合同作业"，为促进跨学科学习而设计的一类作业，它旨在让学生在真实的生活情境和问题中自主参与和完成任务，从而培养学生的综合素养，使他们能够在解决问题和实践中灵活运用所学知识和技能。

当然，基于项目设计的跨学科合同作业也会面临一些挑战。首先，由于学生在项目学习中需要掌握多学科的知识和技能，跨学科合同作业的任务往往会对学生的综合素养提出更高的要求。有些学生可能会感到学习压力较大，需要教师和家长的引导和支持。其次，教师需要精心策划项目内容，确保项目既贴合学科学习目标，又符合学生的学习水平和兴趣。同时，教师还需要在项目中通过多元评价帮助学生提升跨学科素养，以促进他们的全面发展。

可见，跨学科合同作业具有巨大的优势，也带来了挑战。那么，如何去实现这样理想的跨学科学习场景，确保学生能够充分受益于跨学科合同作业呢？学校、课程、教师都需要做好准备，我们会在之后的内容中深入探讨。

二、跨学科合同作业的校本化规划

如前所述，跨学科合同作业是推进项目化学习实施的重要工具。如果想要更好地进行跨学科合同作业的探索，学校需要做好以下几方面的准备。

首先，要对已有的校本项目进行梳理与规划。此项工作包括各学段项目课程的筛选与梳理、项目任务的目标确立、学习支架的搭建、时间安排等。在这一部分，学校要制定明确的策略，帮助教师在教学过程中准确把握每一个环节。

其次，在顶层的课程设计好后，我们需要组织参与实施的教师进行校本化课程研修。跨学科合同作业的校本化规划强调要将合同作业与学校的实际教学需求和文化相结合。教师对于"合同作业"的设计已有了基础与实操经验，那么就要对"项目化学习"进行研究，明确每一项目中的跨学科内容，紧密结合学校教育目标，制订详细的时间规划和活动安排，以适应学校的教学进度和学生的学习习惯。

这里我们需要注意的是，时间规划与活动安排务必要让学生共同参与制订，协商一致后再予以签订。跨学科合同作业由于其多学科属性必定是具备多样性的。学生可以根据自己的学习风格和特点，选择合适的学习方式和学习工具，来提高学习的自主性和个性化。只有这样，这份作业才会融入契约精神，方可强化学生的自主学习责任感，培养他们的规划、承诺与执行能力。

最后，学校还需做好素养导向的评价体系建设。对于跨学科合同作业的评价往往会与项目评价紧密挂钩，需要综合考虑学生在不同学科中的表现，在此基础上我们还需增加对学生自主规划及时间管理的评价维度。

温州道尔顿小学通过多年的努力和实践，于2023年提出了"概念为本、素养导向：在国家课程中实施高质量的项目化学习"的实施方案。这一方案不仅强调素养的培养，还着重于通过校本规划和跨学科合同作业，来高质量地实施国家课程。

下面就是我们实施方案中的一些校本规划（见图5-1、图5-2、表5-1）。

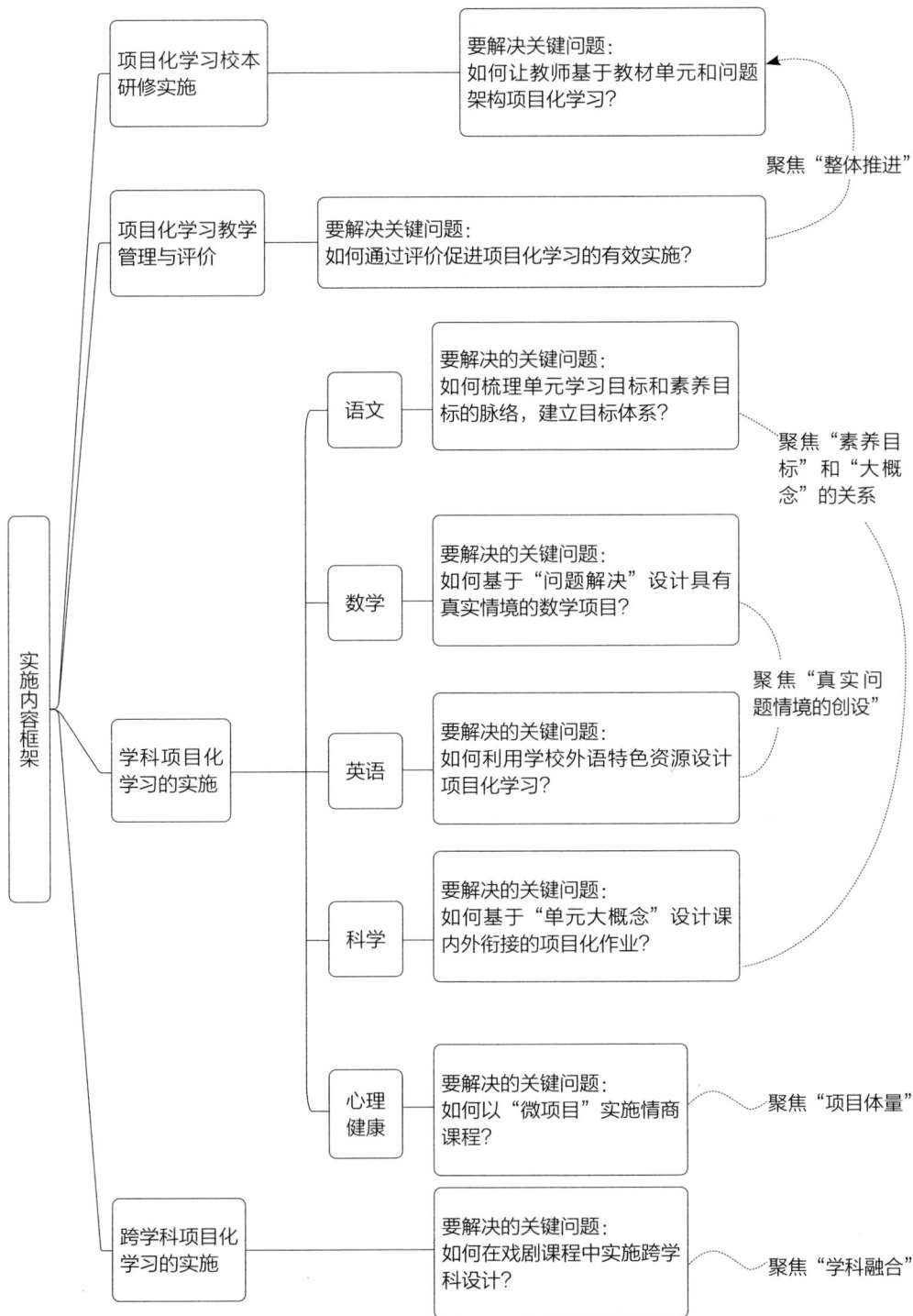

```
                    ┌──────────────┐        ┌────────────────────────────┐
                    │ 项目化学习校本 │────────│ 要解决关键问题：              │
                    │ 研修实施      │        │ 如何让教师基于教材单元和问题  │
                    └──────────────┘        │ 架构项目化学习？              │←─┐
                                            └────────────────────────────┘   │
                                                                      聚焦"整体推进"
                    ┌──────────────┐        ┌────────────────────────────┐
                    │ 项目化学习教学 │────────│ 要解决关键问题：              │
                    │ 管理与评价    │        │ 如何通过评价促进项目化学习的有效实施？│
                    └──────────────┘        └────────────────────────────┘

                                    ┌────┐   ┌────────────────────────────┐
                                    │语文 │───│ 要解决的关键问题：            │
                                    └────┘   │ 如何梳理单元学习目标和素养目   │
                                             │ 标的脉络，建立目标体系？       │  聚焦"素养目
                                             └────────────────────────────┘  标"和"大概
                                                                              念"的关系
                                    ┌────┐   ┌────────────────────────────┐
                                    │数学 │───│ 要解决的关键问题：            │
                                    └────┘   │ 如何基于"问题解决"设计具有     │
                                             │ 真实情境的数学项目？          │
  ┌────┐                                     └────────────────────────────┘
  │实施 │   ┌──────────────┐                                        聚焦"真实问
  │内容 │───│ 学科项目化    │   ┌────┐   ┌────────────────────────────┐  题情境的创设"
  │框架 │   │ 学习的实施    │───│英语 │───│ 要解决的关键问题：            │
  └────┘   └──────────────┘   └────┘   │ 如何利用学校外语特色资源设计   │
                                        │ 项目化学习？                  │
                                        └────────────────────────────┘

                                    ┌────┐   ┌────────────────────────────┐
                                    │科学 │───│ 要解决的关键问题：            │
                                    └────┘   │ 如何基于"单元大概念"设计课     │
                                             │ 内外衔接的项目化作业？         │
                                             └────────────────────────────┘

                                    ┌────┐   ┌────────────────────────────┐
                                    │心理 │───│ 要解决的关键问题：            │  聚焦"项目体量"
                                    │健康 │   │ 如何以"微项目"实施情商        │
                                    └────┘   │ 课程？                        │
                                             └────────────────────────────┘

           ┌──────────────┐        ┌────────────────────────────┐
           │ 跨学科项目化  │────────│ 要解决的关键问题：            │
           │ 学习的实施    │        │ 如何在戏剧课程中实施跨学       │  聚焦"学科融合"
           └──────────────┘        │ 科设计？                      │
                                    └────────────────────────────┘
```

图5-1 项目化学习校本研修实施内容

图5-2　项目化学习校本研修实施进度安排

表 5-1　校本项目一览表（截至 2022 年度）

实施年级	项目类别	项目名称	关联学科
一年级	跨学科项目	彼得兔的故事	语文、戏剧、美术
		纸链挑战1.0	科学、数学

续表

实施年级	项目类别	项目名称	关联学科
二年级	跨学科项目	数学桌游大PK	数学、美术
		身体科普书	科学、美术
		我们的新衣	数学、美术
		玩具总动员	美术、语文、英语、数学、戏剧
	学科项目	纸链挑战2.0	科学
		我是传统文化代言人	语文
三年级	跨学科项目	拉尼娜来啦	科学、语文
		小小建筑师	美术、科学
		The Fair in Dalton Town	英语、美术
		我是传统文化代言人	语文、美术、信息技术
四年级	跨学科项目	我是桌游设计师2.0	科学、美术
		健康处方生成器	科学、美术、体育
		亚运旅游攻略	美术、科学
		科学观察日志	科学、语文、信息技术
	学科项目	极限飞车	科学
		21天见证生命奇迹	科学
		"我十岁啦"原创诗歌朗诵会	语文
五年级	跨学科项目	我是桌游设计师3.0	科学、美术
		瓯越水域	科学、语文
		温州野生大黄鱼	科学、语文、美术
		美人鱼的眼泪——海洋塑料垃圾污染	科学、语文
		"秋日十景"品鉴会	语文、信息技术、美术
	学科项目	纸板救生船	科学
		Dalton Voice——our foreign teachers	英语、美术

续表

实施年级	项目类别	项目名称	关联学科
六年级	跨学科项目	我是民间小河长	语文、科学、美术
		探秘花木兰	戏剧、语文、英语、美术
		To be an English helper at feelings house	英语、心理
	学科项目	遇见苏轼 做最好的自己	语文、戏剧

以上规划又是如何具体实施的呢？根据我们学校的经验，主要有以下四条路径。

1. 校本实施: "3+1"联动机制

小学运用"3+1"联动机制，确保项目化学习在校内外得到有效支持。校内的三层级项目化学习教研团队分别为校长团队、学术指导委员会、项目化学习教研组。与此同时，通过与校外高校、教育项目基地等合作，形成了跨界的研究和实践平台。合同作业的校本化规划可以借助学校顶层设计的"项目化学习"进行。具体而言，可以通过"3+1"联动机制，确保合同作业与项目化学习在研发、实施、评价上有很好的一致性和落地性。

2. 跨学科合同作业: 打破课程壁垒

为实现国家课程项目化实施的时间安排，学校打通了"学科必修课"和"项目化学习必修课"的壁垒。这种跨学科的合同作业方式不仅增强了课程的连贯性，还为学生提供了更多的学习机会。学校课程管理中心负责确保合同作业有足够的时间和课时进行。在项目化学习的大框架下，合同作业可以作为必修课程的一部分，进而在时间上得到保障。一般而言，语文和科学课程会更聚焦"大概念"和"素养目标"，而其他学科则更注重"项目要素"的探索。合同作业作为一种跨学科的学习方式，从本质上要求打破传统学科的壁垒。如，语文、科学和心理健康课程可以通过合同作业，针对同一个大主题或问题进行探究。

3. 教师发展: 工作坊与菜单式研修

通过工作坊式、菜单式的研修，教师得以在实践中实现自身素养的提升。这种研修方式由"教师问题解决需求"引领，更加贴近教师在项目化学习实施中遇到的实际问题。同时，合同作业的设计和实施也需要教师专业发展的支持。工作坊和菜单式的研修方法，可以根据教师在合同作业实施中遇到的具体问题进行定制，以实现教师素养的提升。

4. 管理与评价：激发责任感

学校将项目化学习纳入学生学业质量评价体系，并设立了对实施团队的奖励制度。这一做法既明确了实施的底线要求，也为教师提供了实践的动力。合同作业的完成和表现可以纳入学生学业质量评价体系，与项目化学习的素养目标相结合，以清晰的评价标准和方向激发学生与教师的主体责任感。

三、合同作业与项目化学习：天然的互补

合同作业与项目化学习之间具有天然的互补，两者的终极目标都指向"自主学习"。合同作业是指导项目化学习的具体实施形式，它将项目化学习的理念和方法具象于学生的实际学习任务中。在这种模式下，学生围绕一个特定的主题或问题，通过跨学科的合作，进行深入的研究和实践。项目化学习为合同作业提供了框架和指导原则，确保学生能够在一个有意义的、真实世界的背景下进行学习。两者相辅相成，共同为学生的未来学习和职业生涯做好准备。

学校近几年的实践表明，跨学科合同作业不仅可以完美地融入项目化学习中，还能借此机会促进学校课程的整体优化和教师素养的提升。通过合同作业和项目化学习的有机结合，学校有望在未来几年中，进一步推动"概念为本、素养导向"的教育理念落地生根。这样的校本化规划，无疑会让我们在课程改革和教育创新方面迈出更加坚实的一步。

跨学科合同作业：地域文化与科学结合的案例

案例一：温州的传统手工艺与数学

艺术与文化角度

温州有着丰富的手工艺传统，包括木雕、石雕、刺绣和陶瓷等。本合同作业项目组织学生到当地的手工艺工坊进行实地考察。学生不仅观察了大师们如何使用简单的工具进行精细的工作，还学习了各种图案和设计的文化内涵。

数学角度

回到学校后，学生运用几何知识分析这些手工艺品的图案与结构。教师引导他们使用数学工具，如平面几何和对称性，来理解图案中的规律。学生的任务是设计一个新图案，不仅要保持文化特色，还要添加自己的创新元素。

实践过程

在设计完成后，学生先将图案用编程软件（如Auto CAD或Tinker CAD）转化成数字模型。然后再运用编程和数学思维，将纸上的设计成功转化为数字形态。最后，他们用3D打印机将设计变为现实，亲手触摸到自己的作品。

时间管理与任务规划

本项目所涉及的学科课程内容在项目规划环节就已呈现，学生在参考已有的课程后提出自己新的课程需求，自主规划课外项目任务，并实时通过项目规划表的时间来跟进自己的任务进度。

案例二：温州河流生态与地理

科学角度

温州虽然水资源丰富，拥有多条河流和湖泊，却仍是严重缺水的城市。学生分为几个小组，分别化身为民间小河长，每个小组负责一条河流的水质检测与环境综合评价。他们使用各种化验工具来测定水的pH值、溶解氧量和有机物含量等。除此之外，他们还通过实地调查、问卷访谈等调研方式了解河流周边的人文环境。

地理与环境科学角度

使用地图和卫星定位，学生记录下每个检测点的精确地理位置。在GIS（地理信息系统）软件的辅助下，他们能更加直观地分析水质与地理位置之间的关系。

实践成果

学生整理了一份全面的研究报告，其中包括数据、分析和提出的解决方案。这份报告不仅用于课堂展示，还被提交给了当地环保部门。有的小组与社区居民做进一步沟通，提出了在日常生活中保护城市水资源的建议。

时间管理与任务规划

本项目中涉及很多课外调研调查的部分，需要学生提前规划时间，做好前期准备。合同的规划部分会呈现一些关键任务的时间节点，学生在参考时间规划表后自主规划课外项目任务，并实时通过项目规划表的时间来跟进自己的任务进程。

这两个案例充分展示了道尔顿小学如何成功地将合同作业与跨学科教学相结合，使学生在探索温州丰富的文化和自然资源的同时，也培养了自身的综合素质。通过这样的项目，学生不仅学到了知识，更重要的是，他们学会了如何应用知识，如何与社会和环境互动，以及如何成为更加负责任和有创造力的公民。这也正是道尔顿小学校本化教学方案的核心价值所在。

当代教育面临多元化的挑战，使得传统教学模式逐渐显得不适应。项目化学习以学生中心和真实问题导向的教学方式而闻名。学校强调实践操作和学生自主选择学习路径，而合同作业便是实现这一理念的一种具体方式。在这样的大背景下，跨学科学习和校本化规划显得尤为重要。在富有创新精神和自主性的道尔顿学校，如何有效结合校本文化和跨学科合同作业一直都是我们不断思考的问题。

第二节 跨学科合同作业的设计

建立了对跨学科项目整体规划的清晰理解后，我们将探讨如何设计富有创意和有效的跨学科作业任务，包括如何平衡不同学科的内容和要求，如何设计出能够激发学生综合思考和应用多学科知识的活动，以及如何使这些设计策略适应不同学生的学习风格和需求。

一、跨学科合同作业的设计概述

跨学科合同作业作为一种综合性的学习方式，要顺利实施，需进行精心的设计与规划。

首先，教师和学校需要明确项目的目标和主题，确保项目能够真实地关联到学生的日常生活和学习。在设计项目时，可以结合学生的兴趣和需求，选择与他们息息相关的主题，增加学生对项目的投入和参与。其次，跨学科合同作业需要将不同学科的知识和技能有机地融合在一个项目中。教师和学校应该仔细考虑项目的内容，确保不同学科之间的知识和技能能够相互协调和衔接。同时，还需要明确每个学科在项目中的地位与作用，将它们进行有机融合，而非拼盘式结合。在项目的规划过程中，学生的学习进度和能力水平是考虑的重点。

跨学科合同作业与其他合同作业的最大区别在于：跨学科合同作业基于对一个复杂的真实性问题的解决，并将视野从课外作业转向贯穿学生学习的全过程，既包含了课内的学习，又包含了课外的作业。跨学科合同作业是学生自主管理项目进程的塔台，它往往会以"手册"的形式在项目启动时给到学生，这有别于项目记录单，后者只是单纯地做学习记录。当设计作业内容时，我们的导向是引导学生自主习得并迁移"问题解决的路径与思维"。针对每门学科和跨学科学习目标下细分的作业任务，我们会进行重新整合，将其打散后纳入合同作业，以帮助学生在整体上理解本单元的学习内容和作业任务，同时培养他们自主学习的能力。

二、跨学科合同作业的设计原则

（一）注重目标的多元达成

在教育实践中，跨学科的教学方法已被广大教育者所接受和采纳，其核心思想在于激发和培养学生从多个角度对待与解决问题的能力。因此，当我们设计跨学科合同作业时，必须深入考虑其目标的设置。这些目标不仅应体现单一学科的要求，更应彰显多个学科之间的交织和融合。如跨学科项目"我是民间小河长"的目标设计，图5-3是涉及学科所指向的学科概念，但我们需要将其进行重整及融合，因此图5-4才是本项目呈现给学生的真正的学习目标。

1. 广度与深度并重

跨学科合同作业在目标的设计上，首先需要确保其广度。广度意味着学生需要涉猎多个学科的知识，它使学生能够跳出单一的学科框架，进行综合性的思考。例如，一个跨学科的项目可能需要学生既要掌握历史的背景知识，又要理解其对现代社会的影响，再结合数学和物理原理来分析、解决具体问题。这种广泛的知识融合为学生拓展了视野，帮助他们更好地理解和应用知识。

仅有广度是不够的，学生不仅要了解各个学科的核心概念，还要能够深入到

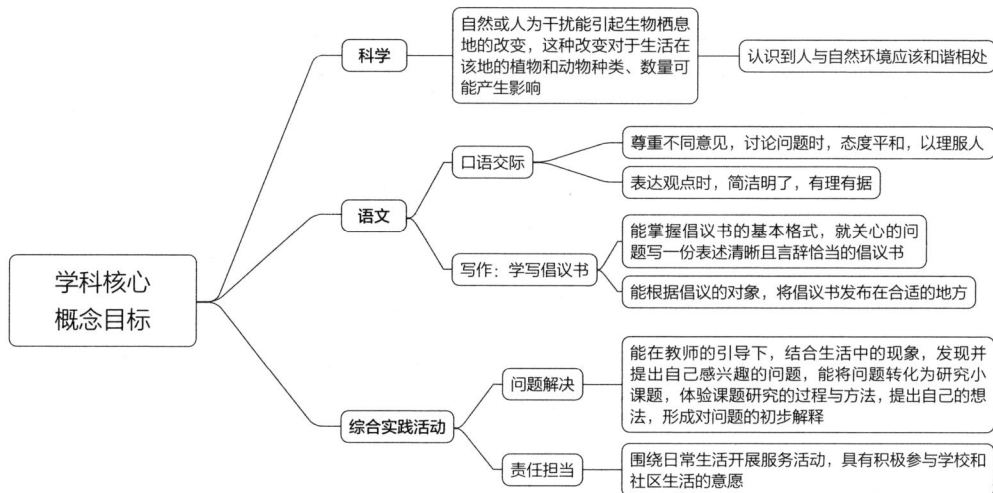

图5-3　"我是民间小河长"项目学科核心概念目标

	1．通过社会实践调查、巡河调研等活动认识温州市河湖水质现状并尝试在调查过程中发现问题、解决问题。
学习目标	2．利用多种渠道获取、分析和运用资料，认识到水污染问题是普遍存在的、不断恶化且十分重要的。
	3．通过科学探究来综合认识与理解河流问题，运用实地调查、口头询问等多种手段探究河流水质现状的成因。
	4．学习撰写简单的书面文件，条理清晰、有理有据地表达观点。
	5．增强水环境保护意识，反思自身行为与环境污染之间的关系，提升对人类和环境的责任与担当。

图5-4　"我是民间小河长"项目学科统整后的学习目标

其内部，挖掘学科之间的内在联系，即有深度。例如，当学生研究一个生态问题时，他们不仅要了解生态学的基本原理，还要能够深入分析其背后的社会、经济和文化因素。这种深度的探索使学生能够对知识有更深入的理解，也更有利于他们的创新和实践。例如，"探秘花木兰"项目（见表5-2）是一个涉及语文、英语、戏剧、音乐、美术的跨学科项目。在确定学习目标前，教师需要先对所涉及的大概念、核心概念进行梳理，再进一步挖掘项目所提供的学习广度与深度，确定学习目标。

表5-2　"探秘花木兰"项目在语文、英语学科上的目标设计

学科	大概念	核心概念	学习目标
语文	思维能力： 指学生在语文学习过程中的联想想象、分析比较、归纳判断等认知表现，包括逻辑思维、辩证思维、创新思维等。	1. 阅读与鉴赏是指在阅读中了解诗词的表达，体会作者的思想感情与诗词中的人物形象，在交流与讨论中敢于提出看法，做出自己的判断。 2. 梳理与探究是指学习跨媒介阅读与运用，初步运用多种方法整理和呈现信息。	1. 鉴赏古诗词《木兰诗》与《题木兰庙》，通过维恩图对比剖析两首诗词中的人物形象与精神内涵。 2. 阅读史料并梳理信息，深入探究花木兰身世之谜，增强文化认同，坚定文化自信。
英语	文化理解： 理解中外文化的差异，鉴赏优秀文化，表现出良好的跨文化认知、态度与行为选择。	比较与判断是指在教师引导下，通过故事、介绍、对话、动画等获取中外文化的简单信息。感知与体验文化多样性，能在理解的基础上进行初步的比较。初步具有观察、识别、比较中外文化异同的能力。	1. 通过视频观看、问题探讨等活动，对比中西方文化差异，理解西方视角下的花木兰人物精神内涵与社会价值观。 2. 通过"Fun Question"的活动形式，探讨东西方个人主义与集体主义的价值取向。
……	……	……	……

2. 灵活性与结构性结合

除了广度和深度，跨学科合同作业的目标设置还应注重灵活性与结构性的结合。灵活性意味着给学生提供足够的选择和自由度。在实际的学习过程中，每个学生的兴趣和能力都是独特的。通过灵活的目标设置，我们可以激发学生的主动性和创造性，使他们能够按照自己的兴趣和节奏进行学习。例如，教师可以为学生提供多个项目主题，让他们根据自己的兴趣选择，或者允许学生自己提出项目问题，并进行独立的研究。

然而，灵活性并不意味着完全的自由和随意。结构性意味着在目标的设置中，我们还需要确保其有明确的框架和要求，以保证学生能够全面地掌握和应用相关学科的核心知识。这种结构性可以通过明确的评价标准、学习流程或学习资源来实现。例如，教师可以为学生提供一份详细的评价标准，列出每个学科的核心知识点和要求，使学生在学习过程中有明确的方向和目标。以"海洋塑料

垃圾污染"跨学科合同作业中的项目规划为例，我们可以看到，学生通过这份规划表能够清晰地知道教师为其提供的每一课时所指向的学习目标。学生会比对学习目标与他们最想解决的问题之间的联系，然后规划其他自主研究性学习任务。

（二）注重支架的设计

跨学科的学习旨在通过整合不同领域的知识为学生提供一个更加完整和全面的理解。然而，这种学习方式也可能带给学生更多的挑战，因为它涉及多个领域的知识和方法。对于许多学生来说，这是一个全新的、复杂的学习过程。因此，为了确保学生能够有效地进行跨学科学习，教师必须为他们提供适当的支架。

1. 提供导学材料

首先，教师可以通过提供跨学科的文献、案例和工具来帮助学生建立必要的知识基础。这些材料可以是学术论文、教育视频，也可以是互动模拟或其他多媒体资源。它们不仅可以为学生提供详细的信息和观点，还可以帮助学生发现各个学科之间的联系。例如，一个关于气候变化的教学案例可能涉及地理、物理、生物和社会学等多个领域的知识，通过学习这个案例，学生可以更好地理解这一复杂的问题，同时也能够培养他们的跨学科思维能力。

2. 鼓励团队合作

除了提供导学材料，教师还应该鼓励学生之间的团队合作。跨学科的学习往往需要多个学科的专家共同合作，而在学校中，这种合作通常是通过小组活动或项目合作实现的。在这种合作中，每个学生都可以根据自己的专长和兴趣贡献自己的力量，同时也可以从其他同学那里学到新的知识和技能。这种团队合作不仅可以提高学生的学习效果，还可以培养他们的团队合作精神和沟通能力。为了支持这种合作，教师可以为学生提供一些合作工具，如在线协作平台、研讨论坛或视频会议工具。

3. 定期的指导与反馈

为了确保学生能够顺利地进行跨学科学习，教师还应该为他们提供定期的指导和反馈。这种指导和反馈可以是个人化的，也可以是集体的。它旨在帮助学生了解自己的学习进度，明确自己的学习目标，以及发现自己的学习问题和困惑。教师可以通过一对一的辅导、小组讨论或在线问答等方式来提供这种指导和反馈。同时，教师还应该鼓励学生之间的相互评价和反馈，这可以帮助学生从不同的角度审视自己的学习，同时也可以培养他们的批判性思维能力。

（三）注重时间的逆推规划

时间管理是学习活动的关键。特别是在合同作业中，由于任务的跨学科性和复杂性，如果没有恰当的时间规划，学生很容易感到混乱或压力过大。因此，为了确保学生能够高效地完成合同作业，进行逆推规划是至关重要的。

1. 明确时间节点

一切规划的开始都是明确终点。在逆推规划中，我们首先需要确定作业的最终提交日期。只有清晰地知道最终期限，我们才能有效地安排前期的学习活动。但仅仅有一个终点是不够的。为了确保学生在整个学习过程中都有明确的方向和节奏，我们还需要根据作业的内容和难度来设置一系列的中间时间节点。这些节点可以是每个星期的某一天，也可以是每个月的某一天，关键是它们能够帮助学生分解和安排学习任务，确保学习的连续性和系统性。

2. 设置里程碑

每个时间节点都应该与一个或多个学习目标相对应。这些学习目标可以是知识目标，也可以是技能或态度目标。关键是它们能够明确学生在每个阶段需要完成的学习任务。这些任务应该是有挑战性的，但又不超出学生的能力范围。为了确保学生能够明确和理解这些任务，教师可以为他们提供一份详细的任务列表，列出每个任务的具体内容、要求和评价标准。这种里程碑式的学习目标设置不仅可以帮助学生明确自己的学习方向，还可以为他们提供学习的动力和鼓励。

3. 灵活调整

尽管我们已经进行了详细的逆推规划，但在实际的学习过程中，总会出现一些意想不到的情况。可能是学生遇到了一个难以解决的问题，可能是学生发现了一个新的学习资源或方法，也可能是学生因为某些原因而无法按时完成学习任务。为了应对这些情况，教师需要有足够的灵活性，根据学生的学习进度和需要适时调整时间节点和学习任务。这种灵活的调整不仅可以确保学生的学习效果，还可以减轻学生的学习压力和焦虑。

（四）注重自我评价与反思

在完成跨学科合同作业的过程中，学生面对的是：从各个学科获得知识，整合它们，并运用到实际场景中。期间，自我评价与反思的重要性被进一步放大。

1. 设计自评表格

自我评价是学习过程中的一个核心环节。通过自评，学生可以更加清晰地认识到自己在学习中的长处和短处。设计一个合适的自评表格可以为学生提供一个系统化、结构化的评价工具。在这个表格中，可以列出各项学习目标、技能和能力，并让学生根据自己的实际表现给予评分或描述。完成自评后，学生不仅可以看到自己在哪些方面做得好，还可以明确哪些方面需要加强。这种明确性有助于学生为下一阶段的学习制订更具针对性的计划。

2. 鼓励学生写学习日记

日记是一个传统而有效的自我反思工具。鼓励学生写学习日记，可以帮助他们系统地记录自己的学习过程、心得和感悟。每天或每周的记录，可以帮助学生回顾和整理知识，同时对自己的学习方法和策略进行反思。日记中，学生可以描述自己在学习中遇到的问题、尝试的方法，以及最后的结果。这种记录和反思，不仅可以帮助学生更好地掌握知识，还可以培养他们自我管理和解决问题的能力。

3. 组织分享会

学习不仅是个人的过程，更是一个社会的过程。组织分享会，可以为学生提供一个展示和交流的平台。在这里，学生可以分享自己的学习经验和心得，听取其他同学的观点和建议。这种交流，可以帮助学生从不同的角度看待自己的学习，找到自己的不足，同时也可以得到他人的鼓励和支持。更重要的是，分享会可以培养学生的沟通和合作能力，帮助他们建立积极、健康的学习社群。

三、跨学科合同作业的样例与设计说明

跨学科课程的实施以每一个学生为主角，传统的教师指导要化为能够支持学生自主探索的学习支架，而基于目标设计的学习评价更成了引领学生"如何学习"的风向标和指南针。学生可以根据评价标准和各类评价清单知道最好的样子是什么，自己正处在哪里，该如何做才能成为最好的样子。在学习过程中，学生在教师引导下，依据评价标准来搜集自己"学得如何"的证据，在过程中自我监控学习是否朝着既定的目标前行，在成果中检测学习目标的达成度。评价镶嵌在整个学习过程中，形成教、学、评一体化。

因此，与常规合同作业不同，跨学科合同作业根据自身的目标和任务要求，有着特殊的样例设计。跨学科合同作业主要由六部分内容组成，我们称之为"六宫格"，即学习目标、学习资源和方法、学习时间、学习证据、评价标准、学习评价与反思。在实际教学过程中，教师又会根据实际情况对跨学科合同作业进行变式运用。主要分为两大类——主题学习合同和项目学习合同。

（一）主题合同作业

"主题学习"是指学生围绕一个或多个经过结构化的主题进行学习的一种学习方式，属于跨学科学习的一种学习类型。在这种学习方式中，"主题"成为学习的核心，而围绕该主题的结构化内容成了学习的主要对象。主题学习强调"做中学"的学习方式，并以活动、专题及解决问题等方式作为学习的主轴。

例如，毕业课程之"苏东坡阅读答辩"主题学习，耗时近两个月。从启动课开始，教师就与学生共同讨论确定一份主题合同作业，根据合同作业的各项要求，学生整体规划学习时间和学习任务，从而确保学习过程的顺利开展。

再如，四年级语文"轻叩诗歌大门"的主题合同作业。教师根据学习目标，设计了一系列学习任务，组合成一本"学习手册"供学生更方便地使用。

"轻叩诗歌大门"
主题学习合同

（二）项目合同作业

"自主学习"是道尔顿教育最主要的学习方式。跨学科整合的课程设置和实施为学生开辟了一片可以自由呼吸的草场，让他们有机会成为自主独立的学习者。在项目目标和评价指引下，学生按照自己的节奏经历学习过程，不断根据"学习目标"评估、反思学习方法和问题解决策略，并随时进行调整改进；在"学习—自评—反思"的闭环中不断循环，形成了一种自主学习的心理机制。

项目合同作业正是帮助和引导学生自主学习的支架。例如，六年级的"千年之约"模拟联合国项目学习，五年级的"诺亚方舟计划"项目学习，贯穿1—6年级的"逃离地球"项目学习，等等。项目学习合同转化为项目手册，成为学生学习的"助理"，强有力地支持学生进行深入学习。

第三节　跨学科合同作业的实施

本节将提供实施跨学科合同作业的具体步骤和建议，包括如何有效地引导学生参与跨学科学习，如何监督和评估学生的进展，以及如何处理实施过程中可能出现的挑战。

一、跨学科合同作业的使用

通过跨学科合同作业，学生可以在项目中充分参与和自主学习。通过了解项目目标和任务，制订学习计划，积极参与实践活动，合作与交流，以及展示与评价，学生能够更好地发挥自己的主体地位，提高学习的积极性和效果。同时，跨学科合同作业也为学生提供了一个全面发展的平台，帮助他们培养综合素养和创新思维。

- 第一步：了解项目目标与任务

学生在开始跨学科合同作业前，需要充分了解项目的目标和任务。教师可以向学生详细介绍项目的背景和意义，明确项目的学习目标和期望成果。学生也可以参与到项目的规划和设计中，提出自己的观点和建议，确保项目与自己的兴趣和需求相契合。

在明确项目目标的基础上，学生需要了解项目的具体任务和学习内容。通过合同作业的形式，学生可以根据自己的学习进度和学习兴趣，在教师的指导下选择适合自己的任务。

- 第二步：制订学习计划

学生可以在合同作业中制订自己的学习计划。学习计划应该包括学习目标、学习内容和学习进度安排等。通过制订学习计划，学生可以更好地规划自己的学习时间和学习任务，提高学习的自律性和效率。

例如，一位学生在跨学科合同作业中参与了一个环保主题的项目，他的学习计划包括阅读环保相关的书籍和文章、参观当地的环保组织、采访环保专家等内容。通过制订学习计划，学生可以有条不紊地完成各项任务，并逐步实现学习目标。

- 第三步：与教师约定达成共识

制订好学习计划之后，并不是马上开展行动。因为小学阶段的学生在一个项目中往往很难做到"顾全大局"，更无法关注到细节。因此，学生将自己的学习计划与教师讨论，包括时间安排是否合理，研究内容是否可行，行动保障是否到位，等等。调整确定之后，师生相互达成"约定"，为后续的行动顺利开展做好准备。

- 第四步：合作与交流

跨学科合同作业鼓励学生之间的合作与交流。学生可以组成小组，共同完成项目的任务，并相互学习和帮助。在小组合作中，学生可以分享自己的学习成果和发现，借鉴他人的观点和方法，拓展自己的思路和见解。同时，学生也可以与教师进行频繁的交流和反馈。在跨学科合同作业中，教师扮演着指导和支持的角色，可以及时解答学生的疑问和困惑，帮助学生解决学习中的问题。

- 第五步：成果展示与评价

在完成跨学科合同作业后，学生需要进行成果展示与评价。学生可以通过报告、演示、展览等形式，向教师和同学展示自己的学习成果和收获。在成果展示的同时，学生也会接受教师和同学的评价与反馈。这些评价与反馈可以帮助学生发现自己的优势和不足，提高学习的质量和效果。同时，教师的评价和鼓励也能增强学生的学习动力和自信心。

二、跨学科合同作业与自主学习闭环

当学生参与跨学科合同作业时，他们将在整个学习过程中体验到自主学习的四个进阶环节：明确目标、自主规划、组织学习和反思调节。这些环节构成了一个学习闭环，通过不断地反思和调节，学生可以形成自主学习的习惯，促使自己在学习中不断进步。

在明确目标阶段，学生将了解任务的具体要求和学习目标，他们需要在跨学科合同中明确自己想要达到的学习成果和目标。例如，一个跨学科合同作业可能要求学生研究某个历史事件，并从历史、地理、语文等多个学科的角度进行分析。学生在这个阶段需要清楚地了解自己需要完成的任务，从而能够准确地制订学习计划。

在自主规划阶段，学生将制订学习计划，选择合适的学习资源和学习方式。例如，在上述历史事件的跨学科合同作业中，学生可能需要阅读相关历史书籍、查找地理数据、阅读相关文学作品等。他们可以根据自己的学习风格和时间安排，自主选择适合自己的学习材料和学习方式。

在组织学习阶段，学生将根据自己的学习计划进行学习，组织所需的学习资源，展开学习活动。例如，在历史事件的跨学科合同作业中，学生可能会进行多方面的调研，收集历史资料，分析地理数据，并深入阅读相关文学作品。

在反思调节阶段，学生将反思自己的学习过程和学习成果，并根据反思结果进行调整和改进。例如，在历史事件的跨学科合同作业中，学生可能会发现自己在某个学科的研究不够深入，或者在某个学科的表达不够清晰。他们可以根据反思的结果，重新调整学习计划，加强对薄弱学科的学习，改进学习表现。

通过这个跨学科合同作业，学生不仅获得了相应的学科知识，还培养了自主学习的能力和综合素养。他们通过明确目标、自主规划、组织学习和反思调节这四个进阶环节，形成了一个自主学习的闭环，并不断地调整和完善，使自己的学习水平不断提高。同时，学生在这个跨学科合同作业中也体验到了跨学科学习的乐趣和挑战，增强了对学科知识的理解和应用能力。

三、跨学科合同作业的成果评价

跨学科学习是当今教育领域中一个充满活力与挑战的话题。学术界的墙壁并非坚不可摧，它们只是需要我们用新的方法来逾越。跨学科学习的核心价值在于打破传统学科间的界限，鼓励学生探索、创新并整合多方面的知识。然而，如何有效评估这种整合性的学习呢？

（一）目标多元的达成

评价学生的跨学科成果不应仅停留在单一学科的认知水平上，而应从多个角度进行全面评价。而这，正是"目标多元的达成"概念的核心所在。

四年级"我是'桌游设计师'"项目为我们提供了一个绝佳的切入点。教师将包含真实世界的合作与思考的"桌游设计"课程介绍给学生。学生以"营养战役"为主题尝试设计桌游。这个项目关联到科学、技术与工程、数学和美术等学科新课程标准中的相关要求，构建了从"跨学科核心概念"到"学科概念"，再到"学科具体知识技能"的学科素养目标体系。学生经历的不仅仅是项目中设计思维的体验学习，更是通过理解设计师处理问题的角度，了解设计师为解决问题所用的构思方法和过程，以及让个人乃至整个组织更好地连接和激发创新的构思过程，从而达到更高的创新水平。

在这个案例中，评价学生的学习成果不仅关注他最终展示的桌游成果，更着眼于他如何以"设计思维"来主导应对复杂的现实问题与挑战，"像设计师一样地思考"是"设计思维"的核心。我们尝试让学生体验"桌游设计师"的职业，经历"像桌游设计师一样地思考与创造"的过程，从而习得知识技能与培养创新能力。只有这种多元的评价方式，才能更好地激发学生的探索热情，鼓励他们跳出传统学科的界限，去发掘更广阔的学术领域。同时，也为教育者提供了新的视角，帮助他们更好地理解学生的学习过程和成果。

（二）支架的巧妙利用

在信息爆炸的21世纪，学生在跨学科研究中面临挑战：如何在海量的信息中筛选、整合并建立自己的知识体系。答案就是——有效利用支架。而这一过程，更是我们评价学生研究成果时，一个不可或缺的维度。

首先，让我们来深入理解"支架"的概念。在学术领域，支架可以理解为学习过程中所需的各种工具、资源和策略。它们像是建筑物的脚手架，帮助学生搭建起自己的知识大厦。这不仅包括文献、案例和实验工具，还包括教师的指导、团队合作和个人的反思。

现在，让我们通过一个具体的案例来探讨支架的重要性。以五年级学生的"温州野生大黄鱼"项目为例。项目的驱动性问题是"妈妈在禁渔期买来了一条野生大黄鱼，我该怎么办？"其实这是一个社会性科学议题，是科技引发的关乎伦理观念和经济发展的社会性问题，是复杂的、开放的。对小学生而言，它有悖于学科学习中的"标准答案"，没有统一的固定答案，似乎不上课也能讲出几条见解。但实质上，不同见解所带来的观点，在通过科学论证、信息有效处理之后，矛盾的激化将成为项目化学习中最值得研究的地方。于是，五年级的学生组成团队，从观察分析大黄鱼的特征，到建模探究大黄鱼的生存环境，再到采访调研大黄鱼的现状，到最后研究讨论：如何看待保护海洋生物和维护社会经济发展……（见表5-3）。

表5-3　"温州野生大黄鱼"项目框架

项目阶段	子任务	子任务名称	学习任务安排	支持工具
提出问题 规划任务	任务1	明确议题 （1课时）	活动1：聆听温州黄鱼风俗故事 活动2：理解禁渔期概念 活动3：提出议题，妈妈在禁渔期买了一条野生大黄鱼，我该怎么办？写出自己的初始想法和依据	1. 学习记录单 2. 平板电脑 3. 便利贴
科学研究	任务2	观察分析 （1课时）	活动1：解密大黄鱼身体形态特征 活动2：比较推测养殖大黄鱼与野生大黄鱼不同特征的原因	1. 学习记录单 2. 观察工具 （口罩、手套、镊子）

项目阶段	子任务	子任务名称	学习任务安排	支持工具
科学研究	任务3	观察分析（2课时）	活动1：观看视频提取鱼类栖息地的生物及非生物要素 活动2：认识并描述鱼类栖息地中的食物链和食物网 活动3：在记录单上用思维导图上记录整理学习成果	1. 学习记录单 2. 大塑料桶、鱼类、水生植物、非生物等
	任务4	建模探究（2课时）	大黄鱼生活在什么生态环境中？ 活动1：设计制作鱼类的生态瓶，并描述设计依据 活动2：画一画野生大黄鱼生活在什么样的生态环境中，和生态瓶模拟的有什么相同和不同？	1. 学习记录单 2. 平板电脑 3. 生态瓶 4. 计时器
	任务5	建模探究（3课时）	什么因素可能会影响野生大黄鱼的生态环境？ 活动1：观察瓶内的鱼类生活发生了什么变化？推测可能的原因，并描述依据 活动2：改变生态瓶中的推测因素，观察记录鱼类生存状态，获取数据信息，得出结论 活动3：画一画：野生大黄鱼生态环境中可能潜在的影响因素，并说明依据	1. 学习记录单 2. 平板电脑 3. 生态瓶 4. 计时器
	任务6	采访调研：大黄鱼的现状如何？（2课时）	活动1：任务分工，成立调研小分队： （1）访谈小分队：访谈家中长辈，回忆中的野生大黄鱼故事 （2）明察暗访小分队：调查菜市场野生大黄鱼销售情况 （3）海洋生物环境调查小分队：考察海洋馆生物生活环境 （4）养殖基地考察小分队：考察南麂岛黄鱼养殖基地 活动2：学习"记录调研信息"和"撰写简单的调研报告"	1. 调研记录单 2. 录音笔 3. 调研报告单

续表

项目阶段	子任务	子任务名称	学习任务安排	支持工具
形成与公开成果	任务7	采访调研：大黄鱼的现状如何？（2课时）	活动1：调研报告发布会（各分队分享调研信息） 活动2：讨论交流： （1）野生大黄鱼是如何从家常便饭变为酒桌盛宴的？ （2）养殖大黄鱼对于野生大黄鱼和我们各有什么好处？ 活动3：介绍面向黄鱼的保护政策	1. 调研素材 2. 调研信息或报告
	任务8	分析研讨：怎样看待保护海洋资源与维护社会经济发展？（2课时）	分角色扮演，为什么在禁渔期还会有野生黄鱼买卖事件发生？ （1）选择角色：普通市民、野生黄鱼钟爱者、小渔民、政府官员 （2）阅读资料：禁渔期给各角色带来的影响视频、图文资料 （3）表达主题：禁渔期偷捕偷售 （4）观点呈现：站在角色立场表达观点	角色道具 便利贴
	任务9		活动1：分组讨论表达观点 （1）是不是只有大黄鱼需要保护？ （2）维持人们对海洋食物的需求我们可以做什么？ （3）维护温州的渔网经济发展我们又可以做些什么？ （4）以上这些是谁的责任？ 活动2：运用：制作宣传海报	1. 海报 2. 平板电脑

在这个过程中，学生在教师的指导下充分利用了各种跨学科的文献和实验工具。例如，模拟制作鱼类生态瓶，明察暗访菜市场，考察黄鱼养殖基地等，从刚开始的无处着手，不确定应该收集哪些数据、如何采访以及如何解释结果，到学会借助支架主动寻找相关资料，向教师、家长甚至专家请教，并在团队内部展开深入的讨论，这个过程中，他们展现了独立解决问题的能力，不再只是知识的接收者，而是知识的创造者。

因此，在评价这个团队的研究成果时，我们更加关注他们如何有效地运用支架、如何应对困难、如何合作和交流。从这个角度来看，支架不仅是学习的工具，更是学习的方法。它有助于学生更好地理解和掌握知识，同时也培养了学生的批判性思维、团队合作和自主学习能力。总之，评价跨学科合同作业的成果不能仅仅局限于学生对知识的掌握程度，还应该关注他们如何利用和创造支架，这不仅是对他们知识应用的评价，更是对他们综合素质和能力的评价（见图5-5）。

《野生大黄鱼生存现状》调查报告小组日程表

周二 10.20	周三 10.21	周四 10.22	周五 10.23	周六 10.24	周日 10.25	周一 10.26	周二 10.27
发布任务 分析拆解问题 分配任务 制订计划							班级汇报

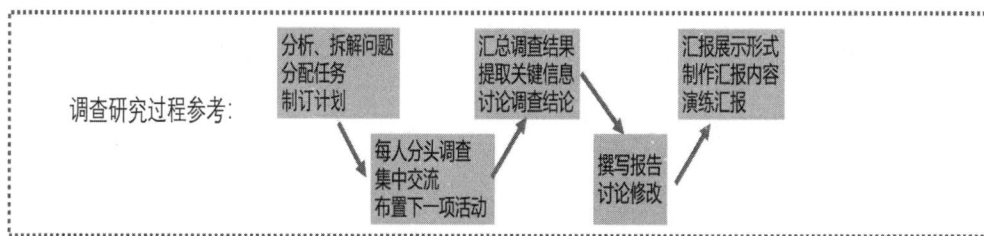

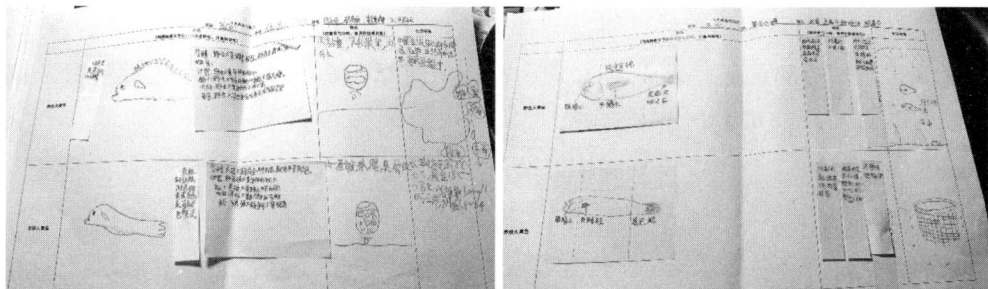

图5-5 "温州野生大黄鱼"项目部分支架

（三）学习（作业）时间管理的艺术与智慧

学会管理自己的学习时间，尤其是课后的自主学习时间，对于学生的自我发展非常重要，这也体现在学生对于作业的时间管理上。对于学生来说，无论是在学术研究还是生活中，有效的时间管理都是一个必备的技能。而在跨学科合同作业的成果评价中，时间管理的重要性尤为凸显。

在提议阶段，学生需要在有限的时间内对主题进行深入探索和文献回顾，确定研究的方向和方法。在随后的计划阶段，时间安排的细节变得尤为重要：哪些实验应该首先进行？哪些可以稍候？如何协调团队成员的时间来共同完成任务？

在执行阶段，学生会遇到意想不到的挑战：或许某个实验的结果与预期相差甚远，或许某项关键任务的完成需要比预想中长得多的时间。此时，他们的时间管理能力会受到严峻的考验：是否能够快速调整策略，重新分配时间，确保研究的进度不受影响？

当研究进入总结和呈现阶段，时间同样是一个不可忽视的因素。如何在有限的时间内总结大量的数据，确保报告的内容既全面又精练？如何为展示做充分的准备，确保每一位观众都能了解并欣赏他们的成果？

的确，时间管理在跨学科合同作业的整个过程中都扮演着至关重要的角色。而在评价学生的研究成果时，我们不能忽视这一点。

我们应该问：学生是否能够有效地利用时间，从而在有限的时间内完成高质量的研究？他们在关键时刻是否能够调整策略，确保研究的进度不受影响？他们如何平衡时间与研究的深度和广度？答案很可能是多种多样的，但其中蕴含的智慧和经验都值得我们深入探讨。

（四）自我评价与反思的精神探索

自我评价与反思在教育领域犹如一颗珍贵的宝石，通常被视为真正学习和成长的支柱。知识的积累固然重要，但真正的教育不仅仅是关于知识的掌握，它更关乎我们如何审视自己、世界和知识。在探讨跨学科合同作业的成果评价时，自我评价与反思的深度变得至关重要。

事实上，这正是跨学科合同作业的成果评价中目标多元的达成的真正意义。因为，学术深度是必要的，但不足以定义学生的真正成果。只有当学生能够对自己的学习进行深入的自我评价与反思，才能真正实现自我成长和发展（见表5-4、图5-6）。

表5-4　我们的"职业"水平标准

专业等级	达成目标	完成任务	小组成员达标情况（达标打"√"）			
菜鸟设计师	了解"生物多样性"相关知识	完成"科学工作坊"学习单				
		通过"生物多样性"知识测试				
	了解"桌游设计"相关知识和技能	完成"桌游设计工作坊"学习单				
初级设计师	能够进行用户需求调研	至少发放和回收5份问卷调查表				
		完成"用户需求调查分析"表				
	能整理"生物多样性"知识关系	完成"生物多样性"思维导图				
	能根据"生物多样性"知识关系设计一个简单的桌游方案（可模仿）	完成"生物多样性"主题桌游设计单				
	能根据方案制作快速模型	根据设计单制作1副快速模型				
中级设计师	能对本组的桌游进行内测反思	完成1份内测反思单				
	能根据内测反思进行改进	完成1份迭代设计单				
	能对本组的桌游进行公测反思	完成1份公测反思单				
	能根据公测反思进行改进	完成1份迭代设计单				
	能根据迭代设计制作桌游成品原型	完成一副桌游成品原型				
高级设计师	能为发布会布置桌游的展板	完成桌游展板布置				
	能向参观者介绍自己的桌游	完成桌游发布会的介绍				

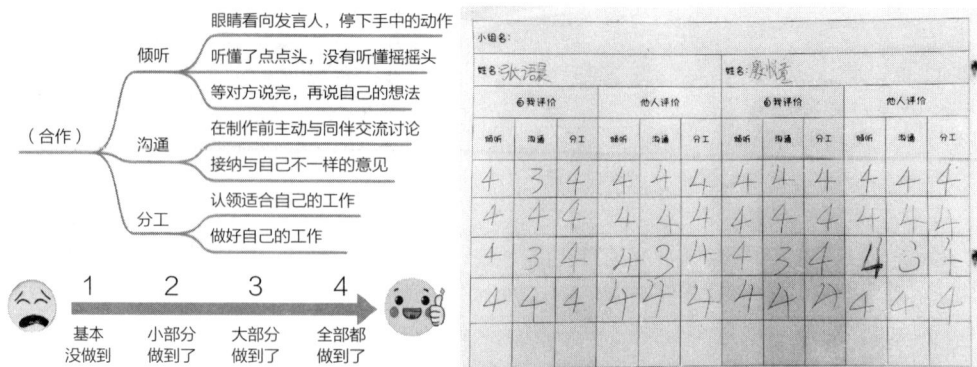

图5-6　二年级项目"我的身体科普书"中的自我评价与反思表

总之，当我们谈论跨学科合同作业的成果评价时，我们不能忽视自我评价与反思的深度。因为这不仅是一种技能，更是跨越了多个学科知识，考验学生对这些知识的应用和综合能力。当项目结束时，最宝贵的并不只是他们收集的数据或得出的结论，更是他们共同撰写的详细学习心得。这份心得不仅展示了学生的学术深度，更重要的是展现了他们的思考和反思过程。比如，他们如何应对意外的困难和挑战？他们对自己在项目中的角色和贡献有何看法？他们如何从失败中学习，并且重新振作？这种自我评价和反思的深度让我们更深入地了解学生内心深处，更真实地理解他们在学习中的感受和收获。这不是一个简单的总结，更是对自己、团队和世界的深刻认识。这是教育的真正目标，也是我们所追求的最终目标。

📢 小贴士

由于每一个项目经历的时间比较长，往往持续半个月至一个月，合同作业的"契约"精神也显得尤为重要。

1. 项目化学习不应该成为一时的火热，它应该是学习方式最重要的变革。因此，通盘考虑，整体规划，将项目化学习按年级进行序列化，是顺利实施跨学科合同作业的基础。

2. 项目启动时，要特别关注与学生的约定过程。

3. 学生的项目规划时间表和预约导师的时间最好能可视化呈现，以防忘记。

💬 **亲子感言**

　　合同作业可以说是我在道尔顿学到的最宝贵的方法，让我的学习主次更清晰，能够自主反思。我们六年级段的合同作业由几个部分组成：规划、阅读反思以及家校留言板。规划部分是周五完成的，周五时老师会给我们下发各科合同，明确下一周的学习任务以及习题作业，提前规划在规划单上。当天整理课，就按照规划的任务进行学习。规划部分我感触最深，因为如果当天有其他的事情的话就可以根据合同作业提前完成学习任务。进入初中作业多了，规划部分就能很好地帮助我。合同作业背面就是阅读、整理反思部分，也是周五完成上一周的反思，包括对上周完成学习任务的情况满不满意、最喜欢的任务、有难度的任务和学习到的方法。最后就留给爸爸妈妈和老师来评价。合同作业对我的帮助很大，是可以沿用一生的方法。

——2018级7班　林烨然

　　关于道尔顿的合同作业，我只有4个字"太喜欢了"。

　　因为合同作业，我们家从来没有"鸡飞狗跳"的写作业情况。孩子从一年级开始学习如何规划合同作业，自主完成作业到后面高段开始"私人定制作业"根据自己的节奏来规划，最让我喜欢的是，合同作业后面的每周总结和反思板块，还有家校留言板块。每一周的家校留言，我都会认真思考整理总结孩子一周的表现（哪里需要改进、哪里需要继续保持）。通过这个板块，班主任老师也可以了解到孩子在家的情况，给予一定的支持和鼓励。我也很喜欢每周看班主任小林老师对家校留言板的回复，这也是我们家校沟通的一个途径。

　　通过合同作业6年的陪伴，我收获了一个自律的孩子，我常常和孩子说，这个合同规划、整理、总结是你小学里收到的最好的礼物，会让你受益终身。

——2018级7班　林烨然家长

第六章

合同作业的三重影响：学生、教师与学校

合同作业是学校将道尔顿教育与整理教育相结合的一种作业模式，从建校之初便在研究和使用。由于没有其他经验可以借鉴，我们一直在不断地摸索、完善和迭代。在研究的过程中，我们深切感受到合同作业给学生、教师、学校带来的正向影响。这正是我们坚持研究合同作业的最强大动力。

创校至今，合同作业经历了复杂而又漫长的研改过程，涵盖了规划、设计、实施、优化等多个阶段。以合同约定的形式进行自我管理和作业规划，学生能够感受到学习主权的赋予，他们可以自行规划、管理和监控自己的学习。这样一种新型的作业模式不仅可以激发学生对待作业的积极态度，也促使学校和教师在教育教学工作中进行自我变革。因此，对于学生、教师和学校而言，合同作业的推进既是一项严峻的挑战，也是一场难得的机遇。

对于学生来说，合同作业实施以来，他们在教师的指导下经历了规划、合作、整理、自律、反思的学习过程，他们需要尝试依靠自身的能力去理解、内化和掌握这些内容，这无疑是一项重大的挑战。但从长远来看，作业变革促进学生学习品质培养，乃至学习特质的形成，将会是契约式合同作业带给学生的巨大收获。

对教师来说，在合同作业的实施过程中，各教研组、年段组的校本教研活动均把合同作业设计作为研究重点之一。这使得教师在日常的教育教学工作中始终保持研究者的状态，不仅对"学为中心"的教学理念理解愈益深刻，更是将学情诊断、作业统整等因素作为备课的重要考量对象。这在某种意义上也是倒逼教师教学行为的改变，使得教师必须关注学生学习效度，必须渗透评价先行的理念，从而促进其自身的专业发展。

另外，从学校的教学管理角度看，合同作业的实施也为学校对作业质量实行有效监控提供了可能，更营造了浓厚的教科研氛围。学校始终坚持契约式合同作业和整理课的有机整合，为推进课堂教学变革奠定基础。我们从零起步，边研究边实践，在实践中改进，在研究中创新，逐步找到比较适切的作业设计路径和范式。在项目研究过程中，我们的教师团队进一步加强理论研究和教学尝试，在周文叶、卢真金、朱跃跃、陈素平、沈雨、李荣强等专家名师的指导下，逐步实现合同作业的目标升级和范式迭代，发挥合同作业的优势，引导学生按照合同自主规划学习进度，自主选择作业类型，真正成为学习的主人。另外，随着项目研究的不断深入，"课程纲要"和"学历案"的研究也得以有效展开，对合同作业研究的进一步深化起到了促进作用。

在一次针对学生的合同作业调研采访中，二年级学生这样说："我觉得合同作业就像是一个导航，不用盲目地去猜作业，包括预习和复习之类的作业都能看清楚。"四年级学生则感叹道："我最喜欢的就是作业规划部分，

可以按照自己的进度安排，也不会落下什么作业。""我还可以把自己这周的校外安排一起考虑规划进来，这样就能做到心中有数，不会害怕作业。"因此，合同作业在培养学生的自主学习和管理能力方面，确实有着非常重要的意义。

经调查问卷统计，学生对实施合同作业的态度：非常喜欢占89%，喜欢占19%，不太喜欢占2%；学生认为合同作业的好处是：（1）有选择性，可以选择适合自己学习能力的作业；（2）有计划性，因为可以自主规划，所以每天的作业任务量会比较均衡；（3）有利于整理复习；（4）有利于腾出时间参加自己喜爱的社团活动。可见，合同作业有效地提高了学生作业的积极性，减轻了学生对作业的心理负担。

家长问卷和教师问卷显示，自实施合同作业以来，绝大部分学生的自律性逐步提高，尤其是学有余力的学生，可以提前自学预习，甚至提前完成部分合同作业，然后腾出相当多的时间做自己喜欢的事情，比如进行专题阅读、创客制作、戏剧社团排演等。对于后20%的学生，我们一方面降低合同作业的要求，变自主规划为教师规划或教师辅助规划；另一方面，坚持重点监控其作业完成进度，在整理课时定期检查其作业完成质量，并加强个别化辅导。

第一节　学生视角：学生个性化的成长路径

一、合同作业设计与学生个性化学习

秉承道尔顿教育计划的理念，合同作业的设计和实施旨在教会学生如何学习。每个学生都是独一无二的，正如世界上没有完全相同的两片树叶，也没有完全相同的两个学生。因此教师应时刻铭记教育先贤曾提出的最本质的教育原则——因材施教，就如同种植花木，要根据花木的不同特点浇水施肥，这对教师的作业目标意识提出了极高的要求。

就目前来看，学生之间的差异性主要体现在他们对学习内容的兴趣和偏好上。

有的学生对某个学科或主题的任务情有独钟，就会如铁杵磨针一般执着地深入探索。对于这样的学生来说，学习是一场华丽的冒险，他们可以尽情探索与发现世界的美妙之处。当然，也难免会有部分学生，面对同样的情况会显得手足无措，陷入一种疲于应付的困境。这时，教师就如同运载火箭，需以适当的力度把学生推上预定轨道，使他们能够以自己的方式进行有效学习。

此外，每个学生在使用合同作业的过程中也会存在明显的个体差异。有的学生在拿到合同作业后能合理分配时间，并能一以贯之地完成一周的规划，这是因为他们已经具备相应的能力去判断自己是否能够完成任务。但也有学生在习惯养成和时间管理方面会遇到困难，容易被琐事分心，或是因为拖延而错失学习时光。对于这些学生，教师需要制订个性化的学习计划，帮助他们养成良好的学习习惯，提升学习效率。正如中医对待病人的态度，即便两个人患相同的病，高明的医生也会根据个体差异调整配方，这正是合同作业的优势。

事实上，每个学生都渴望成为好学生，也都希望好好学习。但如何定义"好孩子"和"好好学习"呢？学生往往对此感到困惑。因此，我们必须为学生提供具体的评价标准，帮助他们明确方向。学校不是加工厂，我们不能奢望用同一标准、统一模式去制造相同规格的产品。正如苏霍姆林斯基所说的："对一个学生来说，'五分'是成就的标志；而对另一个学生来说，'三分'就是了不起的成就。"[①]站在学生立场上看，有些学生无法在书面任务上大展拳脚，却能在其他方面各骋所长。因此，合同作业评价的目的，不是将学生依照完成结果划分成三六九等，而是帮助学生全面了解自己的学习过程，将传统的作业评价方式转变为师生之间的对话与学生自我的内省，关注学生在完成合同作业后的自主整理与反思，协助学生探寻未来积极结果的可能性，促使学生能够在原有的水平上进行提升与发展。

由此可以得出一个结论：合同作业能否成功实施，很大程度上依赖于编排作业的技能和理解力的水平。虽然调整合同作业使之适应学生的能力，属于教师教学能力的重要问题，但教师只有将"学为中心"融入设计的每一步，才能真正把学生引领到学习的主体位置上。

---

① 苏霍姆林斯基. 给教师的建议［M］. 杜殿坤，编译. 北京：教育科学出版社，2022：1.

二、合同作业与学生自我潜能的发现

首先，在实施合同作业的过程中，我们发现：合同作业的使用能够使学生本能地寻找完成任务的最佳途径。如果整个合同作业的设计与一般学生的知识水平相匹配，则学生的多方面才能、智力和学习总效率会得到更好的发展。

借助合同作业，学生可以根据自身兴趣和特长选择作业内容，参与更加自主和富有创意的学习活动。这就如同让一位美食家置身于满汉全席前，他可以尽情选取钟爱的佳肴。比如，喜欢艺术的学生可以选择创作一幅绘画作品来表达对某个主题的理解，热衷科学的学生可以开展实验性活动去探索问题的解决方案……。这种个性化的学习方式可以很好地激发学生的学习兴趣，增强他们学习的积极性和主动性。而这正是合同作业的设计初衷，让学生不再只是听从他人的安排，而是自己成为学习的策划者和实践者，让每一个学生都能得到合适的个性化学习。

其次，合同作业也为学生提供了充分展示自己特长和潜能的舞台。教育悲剧的产生往往源于用同一标准去要求所有学生。其实很多所谓的"差生"并不差，只是没有得到合适的教育和挖掘。合同作业的评价是以学生为本，建立民主开放、动态发展评价机制。它包括自我评价、合作评价、开放的创新评价这几个方面。"上不封顶、下要保底"是创新评价体系探索中贯彻始终的原则。也就是说，我们鼓励优秀学生的冒尖表现，也保证每个学生都能达到基本的学习要求。换一个角度看，评价就是衡量学生发展的一把尺子，有时候多一把尺子就可以多一批好学生，激活他们的闪光点，就有可能使每个学生都得以成为"最好的自己"。

最后，合同作业的多样性也为学生提供了广阔的发展空间。学生可以尝试不同类型的作业，开阔视野，拓展思维。通过多样化的学习方式和内容，学生可以发现自己的兴趣所在，为未来的职业规划和发展打下坚实的基础。合同作业就如同一只小舟，里面装满了旅途需要的各种物资，学生只需要掌舵划桨，自行决定行进的方向，在知识的海洋中尽情畅游。将知识作为学生自主移动的重物，学生将更容易获得精神上的满足感，我们也更容易引导学生的生命朝向美好的境界发展。

教育应以生活中的人为基本出发点。在人的生活世界中，教育因人之自我生成、自我完善的需要而产生，教育的存在根据和基本使命就是要使人成为人。通过合同作业，学生能够发现和挖掘自己的潜能，感受到自己的个性与差异是被关注和尊重的，并从内心给予回应。这样实践过的学生，不论在哪个年级，也不论面对哪个学科，他们都会知道应该怎样去学习。

三、合同作业的多维效应

（一）唤醒学生内驱力

合同作业，即"合同"，和以往单纯"老师布置的作业"不同，它是师生就作业达成的"约定"。签署这份合同的"约定"形式，赋予了学生在作业这件事上的主体地位和主要责任。而约定的过程则给予学生被尊重的感受，唤醒了学生学习的内驱力，减轻了学生的抵触和情绪负担，学生作业的积极性和完成度有了很大提升。

（二）培养学生规划力

合同作业给予学生自主规划、自行调整的弹性空间。学生可以有自己的学习节奏。学有余力的学生能提前完成计划任务或接受挑战。将作业规划权限开放给学生，学生的自主规划力可以得到激励和培养。在这个过程中，学生主动了解作业概况，分析作业内容，思考如何重组和均衡一周的任务，学会利用在校时间和学校资源，优先解决难点问题。学生能够结合自身的学习兴趣、习惯和方法，合理安排和管理作业任务，并学会联系当日的学习内容，调整规划。调研显示，65%的中高年段学生做到了每天先规划再完成作业的习惯。35%学有余力的学生在提前拿到合同并完成学习任务后，还会腾出时间做自己喜欢的事情，比如进行专题阅读、创客制作、戏剧社团排演等。而基础薄弱的学困生，则可依据"TPOR"进阶目标的进程，逐渐掌握学习的自主权。随着学习自信心的提升和自我效能感的增强，这部分学生慢慢地转变其被动学习的困境，向自主学习者迈进（见图6-1）。

（三）夯实学生学习力

合同作业培养学生的自主学习能力还体现在学习执行力的发展。通过自主规划，学生经历了目标确立、制订计划、实施行动和评价反思的自主学习全过程。从低段到高段，合同作业的规划由教师安排、学生执行的方式，转变为教师引导、学生半开放规划，最后进阶为师生协商、学生全自主规划。学生不断地积累自主学习策略，养成了良好的学习习惯和常规。开拓个性化的学习路径，不断加

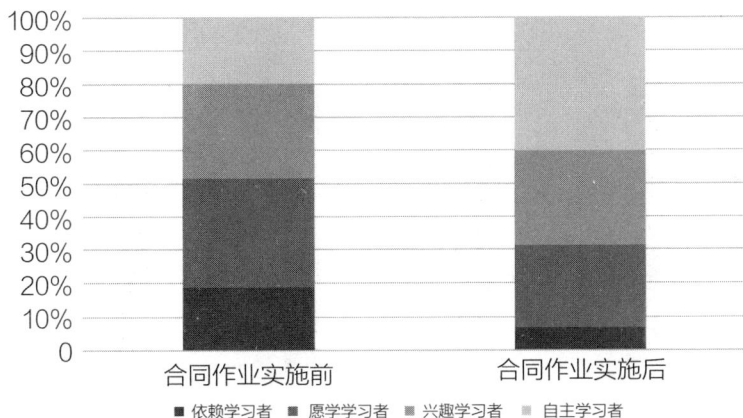

图6-1　合同作业实施与学生学习自主性变化

深学生的学习执行能力。数据显示，70.70%的学生认为合同作业在很大程度帮助他们学会自主学习，67.69%的学生表示合同作业在很大程度上帮助他们养成良好的学习习惯。此外，合同作业的实施也切实提高了学生的学业成绩，其中53.85%的中高年段学生在使用合同作业后学习成绩显著提升，35.23%的中高年段学生学业成绩有一定程度的进步。

实施合同作业以来，87%的学生学习执行力逐步提高。此外，学生完成作业的时间也显著减少，达到了减轻作业负担的目的。以高段学生参与的合同作业为例，四学科的平均作业时间显著减少：其中语文减少约12分钟，数学减少约10分钟，英语减少约7分钟，科学减少约5分钟；各科总作业时间减少约36分钟。75.38%的高年段学生表示合同作业帮助他们减轻了作业负担。同时，作业"工作量"的设计与实施有效保证了作业的"基础量"，更控制了"超额量"（见图6-2）。

（四）提高学生自制力与反思力

值得一提的是，使用合同作业的学生是具有自制力的"领导者"，他们获得了一定的学习掌握权，能够自己参与决策、主动面对问题、提出解决方案、进行实践处理。在这个过程中，学生必须学会情绪管理、时间管理、自我监控等能力，才能够保证作业任务的顺利进行。在自主学习的过程中，学生还会发展出调控自己专注力的各项策略，如利用可视化的提醒牌，给自己安排最小任务时间，使用番茄钟等，有助于学生达成作业目标和完成作业任务的调控策略。

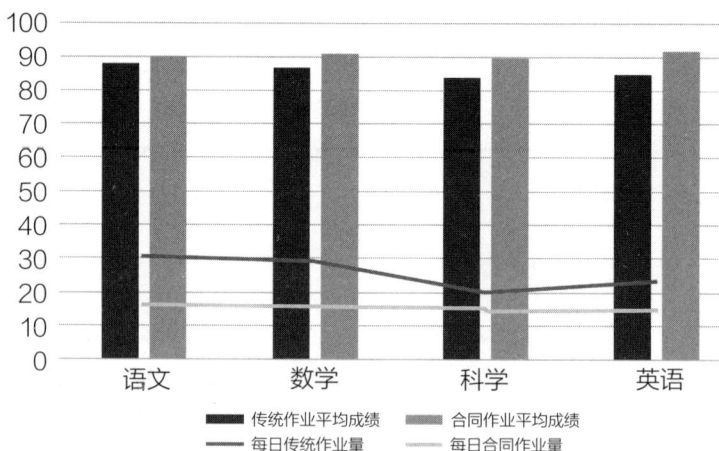

图6-2 合同作业使用前后学生成绩与作业量的变化

合同作业培养了学生自我反思的重要能力。通过合同上所设计的反思工具，学生开展对学习内容、自我学习习惯、方法和策略的认识与反思。学生不断根据"学习目标"评估、反思学习方法和问题解决策略，并随时进行调整改进，在"目标确立—制订计划—实施行动—评价反思"的闭环中不断循环，迭代出更适合自己当下的学习内容，形成了一种自主学习的心理机制。

学生采访视频

第二节 教师角度：身份转变与引导艺术

道尔顿的自由不是"解放的自由"，而是"责任下的自由"。所以我们国际道尔顿的核心词中，用了"责任"的含义。这表示我们要把学校学习生活的主要责任从"教师中心"转变为"学生中心"。

"用课堂说话，用案例说话，用作业说话，用评价说话，用数据和实证说话，用学生的发展成长说话。"

在道尔顿教育中，学生必须尽可能地自主选择和行动，学习总是在社会化活动中开展，师生之间一起学习，彼此启发。

一、作为学习伙伴的教师

在传统教育中，教师常常被视为知识的权威，在课堂上拥有主导地位，向学生传授知识和技能。然而，随着合同作业的兴起，教师的角色开始发生转变，不再局限于知识的传授者，更多是担任引导者或指导者的角色。

叶圣陶说过："教育是农业，不是工业。"传统的教育往往单纯追求效率，设定一个统一的标准。对于学生来说，教育绝不能成为他们生活的负担，不能以牺牲孩子个性为前提，去盲目地追求暂时的利益和表面的繁荣。这样会遮蔽学习者的动机和情感，使得"教"极大膨胀，"学"逐渐萎缩。

作为教师，我们需时刻保持清醒，谨记教师的职责是为学生的健康成长而服务。这就是合同作业最重要的出发点。

合同作业强调学生的主体地位，要求学生更多地参与学习过程，主动探索知识。教师设计与评价是从学生的需求出发的，更注重培养学生的学习能力和学习方法。合同作业可以成为学生学习路上的指南，为学生提供有效的学习策略和方法，帮助他们掌握学习的技巧，培养自主学习的习惯。这种转变要求教师具备更多的教学技能和方法。

面对学生多样化的学习需求，教师还需要转变角色，提供更加个性化的教学指导和支持。每个学生都是独一无二的，他们拥有不同的兴趣、学习方式和学习节奏。因此，教师不能再采用一刀切的教学方式，而是需要根据学生的特点和需求，灵活调整教学内容和方法。

在合同作业的实践中，有许多成功的案例证明个性化教学的有效性。例如，二年级教师注意到有些学生对数学缺乏兴趣，但对动手制作工艺品有浓厚的兴趣。为了激发学生学习数学的热情，教师设计了"纸链创作"的合同作业，鼓励他们将数学的知识运用到手工制作中。于是学生开始学习如何设计纸链，同时还自发地进行测量材料，计算长度，并将这些数学概念应用到制作工艺品的过程中。

这样的个性化教学不仅能够满足学生的学习需求，还能够激发他们的学习兴趣和积极性。想要实现个性化教学，教师需要更多地了解学生的兴趣、特长和学习风格。他们可以通过与学生进行交流和互动，观察学生在学习中的表现，收集学生的学习数据，从而更好地了解学生的需求和潜力。

然而，在实施个性化教学的过程中，难免会遇到一些挑战。比如教师需要投入更多的时间、精力去为每个学生量身定制学习计划和教学内容，这就相应地增加了教师的工作量。因此，学校需要提供一定的支持和资源，帮助教师更好地应对个性化教学的挑战。同时，教师还需要不断地学习和更新自己的教育策略，以适应学生多样化学习需求的日益增长。

可见，教师从知识权威到学习引导者的转变并非一件易事，需要从理念到行动再到评价的全面改变。

二、作为学习媒介的教师

尽管教师面临着从知识权威到学习引导者的挑战，但这样的角色转变也为他们带来了新的教学思考。"文化摆渡人"的角色赋予教师更广阔的教育视野，在常态教学中不再局限于教授知识，而是注重学生的学习过程和学科素养的培养。

教师成为学习的媒介，通过多样化的教学方式和资源，帮助学生更好地探索、学习世界。他们不再是单一的知识传授者，而是学生学习路上的引路人。就像一位智慧的导游，教师引领学生穿越学海，让他们领略到知识的广袤和深邃。通过合同作业，学生有更多的自主选择权，他们可以选择自己感兴趣的课题和学习方式。而教师的任务就是根据学生的选择和需求，提供丰富的学习资源和支持，帮助他们在学习中不断成长。

强调个性化作业设计和引导，让教师能够更深入地了解学生的学习需求。教师就像心灵导航师，深入了解学生的学习兴趣和特长，为他们量身定制学习计划，激发他们的学习动力。通过与学生的密切互动，教师能够更好地洞察学生的学习进展和问题，及时调整教学策略，帮助学生克服学习困难。

总而言之，教师的作用更多在于激励、唤醒和引导学生自己去学；"教"的含义不是全盘授予，而是相机诱导。这就意味着合同作业也是"教"的一种转变方式，教师在其中的作用主要是因势利导，了解影响学生发展的主要矛盾，本着"从扶到放"这一循序渐进的发展原则，提高学生的自主学习能力。只有教师真正拥抱这种变化，积极回应学生的需求，才能实现学生和教师的共同成长与进步。

三、作为拥有专长的教师

合同作业蕴含的"契约文化"转变了教师的教学理念，推动其教学模式的转型。作业内容是否与作业目标相匹配，反映了教师作业设计的科学性和严谨性，也反映了作业设计的目标针对性。在这样的思考中，学校教师作业设计和实施能力得以发展，课堂教学必须围绕合同作业的目标任务展开，使得教师必须关注学生学习效度，必须渗透评价先行的理念。合同作业强调教师自主研究的新模式，有序开展项目化的主题培训、学段研究、学科研讨等活动，有效提升全体教师的教学科研能力。

在实施合同作业的过程中，科研与实践是老师们持续学习和不断改进教学方法的两大抓手。线上研训和线下讲座的组织，汇聚了国内外各级各类优质教育资源（见图6-3），教师通过"参道、悟道、行道"不断拓宽教学视野与教学策略。

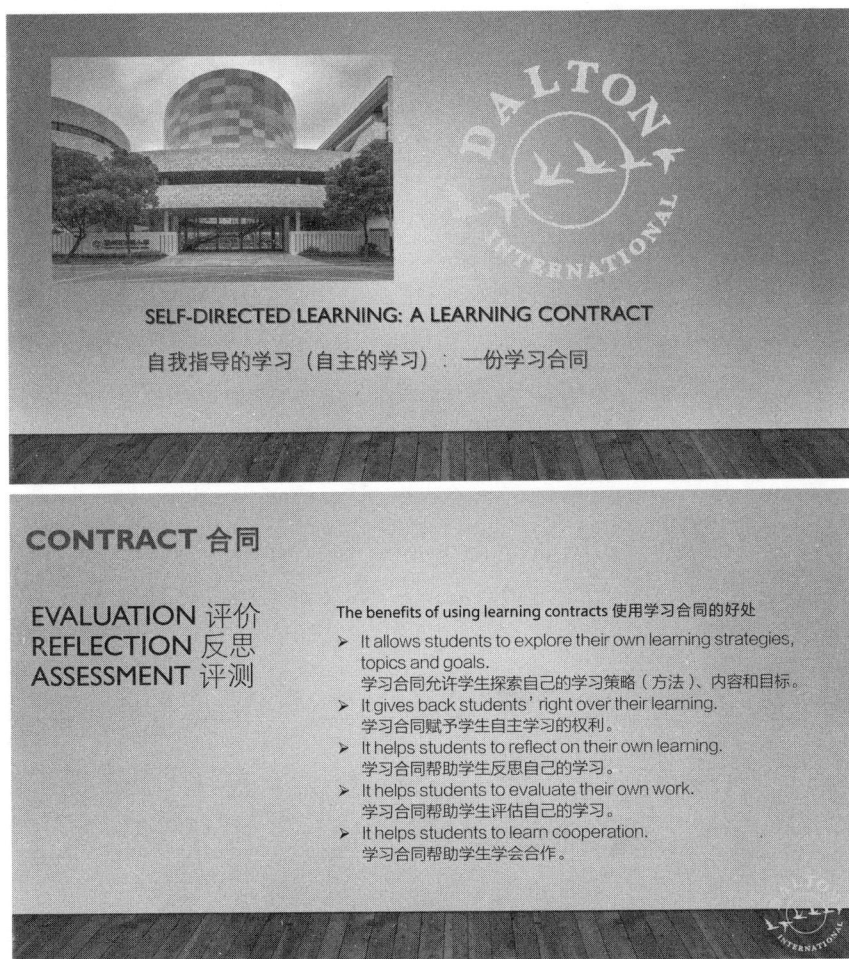

图6-3　合同作业教师培训资料

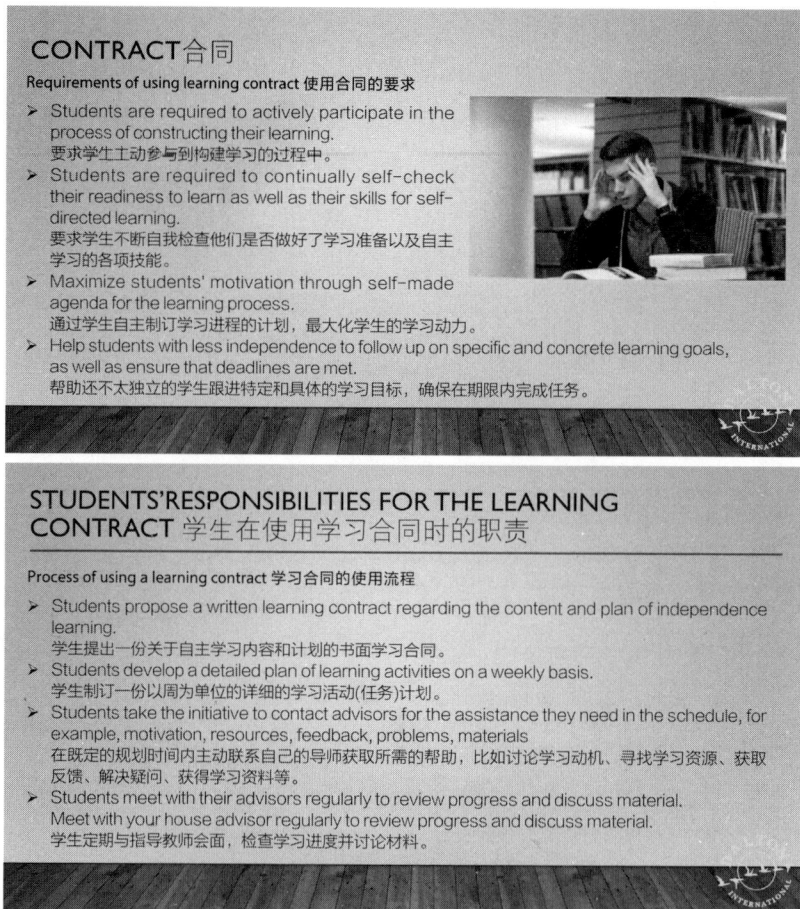

图6-3 合同作业教师培训资料（续）

合同作业的研究与实践也带来了教师备课行为的积极变化。教师通过单元整组备课，明确教学目标，合理规划作业内容，有效避免随意性和重复性作业。设计合同作业成为备课的关键环节，推动了教师教学行为的全面升级。同时，教师还根据学生的合同作业完成情况，灵活调整教学计划、教学进度及学生的学习任务。

学校的教科研氛围浓厚，积极鼓励教师重视发现问题、研究问题、解决问题，使教师成为日常教学的"研究者"。2022年，学校获浙江省教科研先进集体。课题"合同作业：培育自主学习者的作业新体系"获浙江省教育科学研究优秀成果奖一等奖，在温州市第二轮"促进有效学习"课堂变革中获一等奖。"在小班条件下实施分层施教的实践研究""基于学习任务分析的小学数学教材的整合与实践研究""指向学习力的小学数学'合同作业'的开发与实践"等市级课题均以合同作业的研究与设计为基础。同时"合同作业"在温州市课堂变革、课改领航等系列"学为中心"教学活动中受到广泛关注。该项目还受邀在第六届中国教育创新成果公益博览会上展出。

当然，合同作业的实施也面临着一些挑战和抉择。教师需要在学生自主规划和有效管理之间寻求平衡。有的教师为了避免学生拖延作业，提前将作业安排固定，这可能与合同作业的初衷相背离。我们希望老师们在引导学生自主规划的同时，积极探讨解决学生拖延问题的有效策略，避免出现加剧学生两极分化的现象。

此外，合同作业的生成性也需要教师恰当处理。学生可能会提前完成作业或根据合同规划进行适度调整，教师在这种情况下要灵活应对，保持合同作业的有效性，平衡好合同作业与生成性作业之间的关系。

合同作业体系在科研与实践的引领下取得了显著成果，通过不断完善合同作业体系，不仅为教师提供了宝贵的发展机遇，促进了他们的专业成长，同时也在教学中培养了学生的自主学习能力和自律精神。这种团体互助的合作模式，必将为学校教育体系的不断进步注入强大的动力，培养出更多全面发展、富有责任感的未来社会栋梁。

听听他们怎么说？

合同作业，这是一份双向奔赴的作业，就如师生的合作协议，能打通时间差，让老师整体教学先行一步，也让学生学习先行一步；能打通师生关系，让彼此更了解自己的想法才能协商共进，教与学本身就具有合作的意义。

——高于惠，语文老师

合同作业，赋予了学生在作业上的主体地位和主要责任，让学生在规划中变得更加自主，在反思中不断成长。同时，教师能够根据学生的能力布置不同层次的作业，作业不再千篇一律，真正做到因材施教，这是学生成为独立自主学习者的重要手段。

——宋一威，数学老师

我觉得合同作业给老师最直接的帮助就是让我能提前对自己的教学做计划，倒逼自己提前备课，对一周的教学做到心里有数。对于孩子和家长来说能更清晰教学进程与作业，即使请假也能进行自学与安排。

——张玮，语文老师

合同作业是一种潜移默化的习惯培养。它为学生形成自主规划能力提供内容和方式的支持；让个性化学习成为可能，使作业适配每一个孩子，赋能每个孩子的成长。

对老师而言，合同作业的实施，促使教师提前规划与思考教学内容，让教研更主动积极，更深入。

——王俊之，英语老师

作为一线教师，合同作业的应用让我感触颇深。这份特殊的约定让我不再"傲慢"，它促使我思考怎样的内容能真正帮助不同学力的学生，将学习从表面接受转化为内在的理解和掌握。同时，借助合同作业的完成情况，我更清楚地了解班级学生的学习进度和状态，从而调整自己的教学策略，让教学变得更加高效和有针对性。用好合同作业就是与学生们一起在教学中共同进步，我相信我们的学习和教学会在这份心与心的"约定"中绽放出更加璀璨的光彩！

——康妍奇，语文老师

合同作业对于老师来说能够提前计划教学进度，规划需要教学的内容，把备课做到前头，教师在教学时对于备教材与备学情的准备更加充分。另外，当教学准备提前后，教师有更多的时间关注每个孩子的实际学习情况，在跟进学生学习过程给予及时的帮助。对学生来说，能够提前规划自己的学业与生活，学习对于孩子来说更自如。同时，学生能将规划的方式带入生活中，除了整理自己的学业，在整理物品和情绪上，孩子也能够在不知不觉中将合同中的规划、整理落到实处。

——林楚楚，语文老师

好习惯对孩子的学习、生活和成长的重要性不言而喻。我以一名一年级新班主任视角，来谈谈践行"合同作业"的一些感受。

1. 孩子渐渐有了时间管理的概念，写作业的主动性和完成效率得到了一定程度的提升。

2. 孩子幼小衔接更顺利，对上学的每一天都有期待，家校共建、携手共育也能落到实处。

3. 孩子明白了成长和进步的定义应是多维度的，除学科学习的任务以外，还要学会倾听、学会收纳整理、学会感恩、适应早睡早起等。

一份份有温度的合同作业，有商有量的，让孩子很自然地接收了要完成作业这件事，既有当了小学生的责任感，也有被呵护的温暖，对小学生活的每一天都充满期待。

——蔡朝敏，语文老师

第三节　学校视野：挑战中的机遇与创新

在推进合同作业的初期，我们确实遭遇过来自家长、社会的质疑，甚至部分老师也持保留态度。然而，随着合同作业研究的逐渐深入，学校的教育理念和愿景逐渐赢得了老师、家长和社会的广泛认可。在过去近十年的时间里，学校不仅建立了完善的合同作业管理机制，还提供了丰富的资源支持与优质的学习环境，确保了合同作业的有效执行与质量保障。这些措施相互补充，共同打造了一个坚实而高效的合同作业体系。

一、教师培训的改进与创新

在合同作业的实施过程中，学校面临着一系列挑战，其中之一是教师培训。合同作业需要充足的资源支持，包括经费、人力和技术等方面。学校需要认识到合同作业的重要性，并合理配置足够的经费和人力资源，以确保教师能够顺利地设计和实施个性化的作业。

学校把作业设计纳入教研体系的重点，系统设计符合年龄特点、学习规律，体现素质教育导向的基础性作业，并以"国际道尔顿系列培训"、教师阅读工坊、教师自主学习体验、学生自主学习项目应用探究四个板块的内容展开培训活动。几年来，每月定期进行两次的国际道尔顿培训带领每一位教师进行独立学习的讨论。以"主题工作纸"为支架工具，引领教师通过讨论、达成共识、实践、调查、反思、改进的步骤，学习国际道尔顿培训内容。其中包括："培养自主的 20 项约定""自主学习卡应用""自主评价单的设计""契约式合同作业设计""规划单的设计与实施""疫情下教师与学生关系的重构""高阶思维课堂设计"等。

　　与此同时，学校设计和应用"教师自主学习卡"和"主题工作纸"，在教师培训工作坊或教师境下时，让教师体验"自主学习"。改变了以往传统的培训模式，以教师自主学习资料、教师自主讨论、完成教师任务单、自主分享反馈的形式，使教师浸润式地体验自主学习中"确立目标—规划选择—展开行动—评价反思"的行动闭环，加深教师对自主学习心理机制的体验和理解。这种培训新模式值得在更大范围内推广。

　　"教师自主学习卡"设计巧妙，它鼓励教师根据个人兴趣和需要选择学习内容。每张卡片上都有针对特定主题或技能的学习目标、推荐的学习资源和活动建议。这样的设计使得教师能够根据自己的专业发展路径制订个性化的学习计划，而不是被动接受统一的、可能与自己实际需求不符的培训内容。同样，"主题工作纸"的使用也为教师提供了一个框架，引导他们通过研究、讨论、实践和反思来探索特定的教学主题或问题。这些工作纸通常包括案例研究、讨论问题、实践活动和反思指导，旨在激发教师的创造性思维和批判性分析能力。

　　在素养发展的培训工作坊或教师会议中，这些工具的应用让教师能够深入地体验到"自主学习"的过程。通过自主选择学习资料和讨论主题，教师不再是被动的知识接受者，而是成为主动的知识探索者。这种学习方式强调个人目标的设定、学习路径的规划、行动的展开以及对学习成果的反思和评价，构成一个完整的学习闭环。

　　更重要的是，这种模式使教师在学习过程中体验到自主学习的心理机制。他们不仅要负责自己的学习进度和质量，还需要在小组讨论和工作坊中与同事共享经验，给出反馈。这种交流不仅促进了知识和经验的共享，还增强了团队间的沟通与合作能力。

　　此外，通过完成特定的"教师任务单"，教师能够将所学理论知识与实践相结合。这种任务通常包括课堂教学的设计、实施以及对教学效果的评估，从而帮助教师将新的教学方法和技术应用于实际教学中，进一步提高教学质量。

　　这种自主学习培训的新模式，不仅提升了教师的专业技能，还激发了他们对教育工作的热情和创新精神。它值得在更大范围内推广和实施，因为它不仅促进了教师的个人成长，还有助于提高整个教育系统的质量和效率。通过这种模式，教师能够更好地应对快速变化的教育环境，为学生提供更高质量、更具创新性的教育体验。

二、管理机制的设置与重组

（一）建立"多维参与"的合同作业团队研发机制

合同作业是原创的本土作业新形式，国内没有可以借鉴的样本。因此，学校整合课程中心、教研组、年段组、学科教师等多个团队研发合同作业，积极投入，共同献计献策。团队抓住每个学期的三个时间点：期初早规划，依据目标统筹整体规划，依据教学进度布置适切的作业；期中重研究，制定有针对性的专项研究并进行优秀合同作业的评比；期末善整理，进行学期工作整理复盘并为下学期合同作业迭代打基础，不间断地持续推进合同作业的实践研究，由此形成"三阶"，即"学期初—每月—每周"三个阶段（见图6-4）。

学期初，各教研组
制定标准
制订课程纲要，规划学科
单元，讨论实施方案

每月，研讨编制
单元作业
集体备课，研制单元
目标，编制单元作业

每周，班主任
整合协调作业
各科教师备课，
调整单元作业

图6-4 合同作业"三阶"研发机制

每个学期初，各教研组制订课程纲要，内容包括每个学期各科的常规作业清单、各类作业的工作量标准、各项作业的提交期限以及周期中学生的阅读、健康、劳动等其他作业。达成共识后，各学科组对年级的常规基础作业做好统一的规划，设置好每项作业的标准工作量。每月集体备课时，研制单元目标，编制单元作业；每周教师需要提前一周备课，设计或调整单元作业，再交由班主任整合协调。

（二）创新"多方联动"的合同作业管理形式

学校依据合同作业的实践需要，在组织结构与制度方面设计了"多方联动"的管理形式。在组织结构方面，校长整体把控，通过抽看的方式了解各班的作业布置情况。学校专设"学术指导委员会""课程中心"等部门组织统筹规划，专门负责合同作业的相关事项。具体来说，学术指导委员会负责顶层设计，包括学术指导、跟踪项目并反馈以及课题的申报与管理；课程中心进行合同作业的行政化管理，包括协调各学科、各年级教师的备课，为教师提供必要的资源，对教师的执行情况进行打分管理和评价，聘请学科专业人员对作业与教学进行等级评分与指导。而教研组长和段长则组织年段教师定期进行合同作业的研讨和制订（见图6-5）。

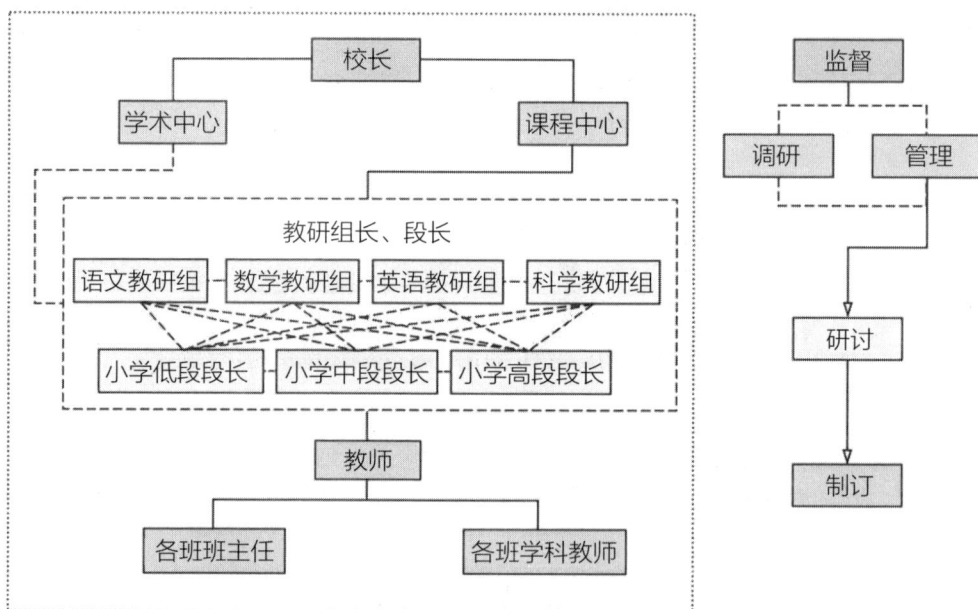

图6-5 "多方联动"的管理形式

（三）架构"多向审核"的合同作业综合管理流程

学校重视合同作业的综合管理流程，形成"三审"式多向管理流程（见图6-6）。"三审"是指一份合同作业的生成需要经历严格的三级审核后方可实施。一是本年段教研组长审核。基于本单元的学习内容和学习重难点，由教研组长把关，包括作业的内容合理性与难度、作业形式的丰富性、作业进度的匹配度。二是本年段段长的审核。段长要统筹各学科的工作量，看是否符合每个年段每天的工作总量的要求。三是学校行政审核。通过教研组长和段长的审核后，每个班级的合同作业将发布在"钉钉"系统上，学校行政分工，有针对性地关注相应的年段，发现问题及时提出整改意见。

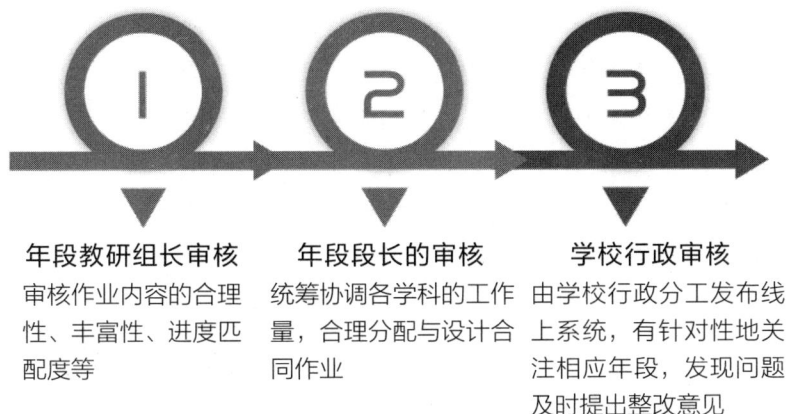

年段教研组长审核
审核作业内容的合理性、丰富性、进度匹配度等

年段段长的审核
统筹协调各学科的工作量，合理分配与设计合同作业

学校行政审核
由学校行政分工发布线上系统，有针对性地关注相应年段，发现问题及时提出整改意见

图6-6　"多向审核"管理流程

学校作业系统的多方联动管理离不开信息化平台的建设。学校基于"智慧校园平台"在"钉钉"上特别设置了"合同作业"审批项目。如果有问题，审批人会退回合同，通过"钉钉"提出具体整改意见，教师需要重新修改再次提交，直到所有内容都审核通过，才打印给学生使用。这就促使教师必须明确教学目标，设计更有针对性的作业，有效减少随意性、重复性的作业，切实减轻学生的作业负担。

三、学习空间的设计和构建

在我们学校，合同作业不仅是一份文件，它还是一种理念，一种将教室的墙壁推倒，让学习与世界接轨的实践。这种实践，正是我们打造包容多元学习环境的核心。

学生的学习空间不仅仅是建筑师艺术旨趣的物化表现，更是作为教学活动的载体，体现"儿童中央，整理引领"的深层属性。如温州道尔顿小学创设的带有滑梯的一年级教室、低段敞开的阅读区、随时邂逅的校园音乐会等，在有学生的空间里，每个地方都是"充实而自由的"。这种充实来自空间中能够满足各种学习的功能性配置、资源性配置，和扑面而来的"这儿属于我们"的自由感受。这些空间里不存在"这些是符合标准答案的优秀作品"，而是"这是我，这是我们"的自在与舒适，以这种理念配备的学习空间，为合同作业的开展与实施提供了必要和创新的可能性。

同时，我们在学校的公共空间里精心设计了不同的体验场景，让孩子们在自由玩乐中发挥自己的奇思妙想，表达自己的个性态度。道尔顿校园"教育+资源融合"空间，以儿童为中心的环境设置打破了教育空间的壁垒，引导学生成为独立自主的学习者。这样的学习空间创造了一个共同学习的场域，让校园环境有温度，让学生学习有张力，并以此推动学生和教师的共同成长。

（一）个性化学习空间——学科整理室

"将实验室、学习契约、管理图表与整理课相融合，将'整理教育'的理念和内容贯穿于学校教学与育人的一切活动中"，这是学校个性化教学的重要特色。

根据低、中、高段学生的不同需求，道尔顿小学在每一层教学楼都设有专门的整理室空间，如数学整理室、语文整理室、英语整理室。学科整理室为学生提供四大支持：资源支持、导师支持、伙伴支持、活动支持。学校每周有3节整理课，学生自主选择喜欢的方式在教室做全科整理或去学科整理室整理（见图6-7）。

图6-7　整理室学习

每周一，学生与教师商定好新的合同作业之后，开始制订本周整理规划单，并交给各科教师审核。科任教师根据学生情况给予建议（如提出额外的拓展任务），学生再进行调整修改。每天的整理课上，学生带着自己的合同作业和整理规划单，到相应学科整理室整理。如果需要帮助可以到资料区查找资料，或请同伴、导师帮助。整理室里的导师全程观察学生学习状态并及时给予帮助，指导学生在墙上记录自己的学习工作量。

　　这样的个性化学习空间，不仅仅是知识的储藏室，更是学生主动学习和探索的实验场所，通过学校秩序、学习空间的简单重建，减少了学生学习的阻力，激发其更多的内在动力，让作业成为自发探究的延伸。

（二）基于探究学习的空间——航天卫星测控站

　　道尔顿小学天上有星（"立可达教育卫星"），地上有站（卫星测控站）（见图6-8），体验有基地（航天创客空间），研学有课程（组星、测星、制作飞行器等）。

图6-8　卫星测控站

　　"立可达教育卫星"是一颗教育共享卫星，也是中国的第二颗教育共享卫星，2018年12月7日于甘肃酒泉卫星发射中心发射升空。卫星可收集对阳面及背阴面的温度、太阳光照强度及角度、地球磁场强度等信息，学生可以通过轨道计算，实现指定地点卫星对地拍摄。学生在校内的卫星测控站操控专业测控设备，接收、查看卫星在轨状态，查看专业卫星数据，还可以设计并组装卫星载荷模型，通过航天员的视角体验宇宙空间，从小种下航天梦。依托卫星测控站这一空间，学校拓宽了STEAM实施场域，与社会生活接轨，让学生带着课堂学到的知识和技能，进行专题研究。

　　空间设计的核心，在于营造出有利于学生自主学习和教师引导的环境。航天卫星测控站不仅是一个基于探究学习的空间，也是学生在执行科学作业时能够实践和验证理论的实践场地。在这里，作业不再是纸上的文字，而是能够操作、观察和分析的实物，这种实践性的作业更能促进学生的深度理解和记忆。

（三）沉浸式体验学习空间——道尔顿小镇

道尔顿小镇位于道尔顿小学体验城三楼整个平层，是英语组中外教师联合倾力设计打造的儿童体验式的创意小镇（见图6-9）。走进小镇的入口，醒目的标牌写着："欢迎来到道尔顿小镇，已为您创设英语环境。"这样的设计和布局旨在模拟真实场景，让孩子熟悉各种真实场景的英语口语表达，提高英语口语的实际运用能力。小镇包括超市、烘焙、手工、戏剧表演、桌游等固定区域，还定期举办各种中西方节日派对，孩子们以角色扮演的方式，体会英语学习的乐趣。在道尔顿小镇虚拟城，孩子们亲手制作美式烤串、玉米曲奇饼等西方小食；在百老汇舞台上，扮演《后羿射日》《万圣节派对》《彼得兔》《银行小当家》中的有趣角色。跟着外籍教师在原汁原味的外语环境中一同游戏；变身为冰雪世界的小精灵，画画，唱歌。

图6-9　道尔顿小镇

这样的沉浸式体验学习空间将作业与现实生活紧密相连，使学生在角色扮演和模拟社会互动中学习。通过这种方式，作业变成一个教学剧本，学生在其中演绎各种角色，学习团队合作、社交技巧，提升解决实际问题的能力。这样的空间使学生能在生活化的环境中学习，使得作业更有意义，更能激发学生的兴趣和动力。

这些丰富多彩的学习空间构成学校公共区域的一部分，它们不仅增加了校园的美感和功能性，还为合同作业的实施提供了物理和心理上的支持。它们鼓励学生在舒适的环境中进行合作、交流和创新，同时为教师提供了新的教育方法和手段。这种环境设计打破了传统的教与学模式，让教育真正回归学生的内心世界，允许他们在自然和放松的氛围中探索知识，真正做到以儿童为中心的教育。

💬 专家感言

　　学任何东西，一要勇于做校本化的尝试，二要有研究态度。做教育不仅要有情怀，更要用研究学问的心态和精神去做好日常。

　　我印象最深刻的就是契约式作业。契约式作业是作业设计的一个创新，能培养孩子独立自主学习的能力，实际上也是在当今强调五育融合的大背景下面对学科育人的一种尝试。通过合同作业，把契约精神渗透到每个孩子的心中。

　　契约式合同作业能给我们哪些启发？

　　1. 布置作业的前提是尊重学生的个体差异，给学生提供差别化可选择的作业。

　　2. 在作业布置前和写作业过程中，老师要与学生充分交流协商，尽可能精准把握学生的综合情况。

　　3. 老师在作业的设计上要倾注更多的专业元素，从作业的目标要求、内容难度、样式样态以及作业量等逐一深度思考，结构化呈现。

　　4. 要让作业设计成为备课中不可或缺的重要环节，使作业与学习目标、学习任务形成高度契合的闭环。

——浙江省文成县振中学校董事长、温州市教育名家、浙江省人民政府督学

王振中

附录1 一年级多学科合同作业样例

一年级全科合同作业（第2周）

心情温度计 | | | | | |
---|---|---|---|---|

本周特质少年成长目标		周一	周二	周三	周四	周五
笔袋整理好		⬭⬭	⬭⬭	⬭⬭	⬭⬭	⬭⬭
会整理	晨间整理	⬭⬭	⬭⬭	⬭⬭	⬭⬭	⬭⬭
	午间整理	⬭⬭	⬭⬭	⬭⬭	⬭⬭	⬭⬭
评价反思		我对自己本周的评价是				

一周习惯整理		周一	周二	周三	周四	周五
积累	诗词	一 ⬭⬭	复习寒假六首古诗 ⬭⬭	复习《鹿鸣》 ⬭⬭	《湖心亭看雪》第一段 ⬭⬭	《湖心亭看雪》第二段 ⬭⬭
	阅读 每天20分钟以上	⬭⬭	⬭⬭	⬭⬭	⬭⬭	⬭⬭
		寒假推荐书目，请及时购买本学期必读书目呦！□				
运动	跳绳300个以上（并写下一分钟最高纪录）	⬭⬭ 一分钟___	⬭⬭ 一分钟___	⬭⬭ 一分钟___	⬭⬭ 一分钟___	⬭⬭ 一分钟___
家务	整理笔袋 整理书包 整理书桌	⬭⬭	⬭⬭	⬭⬭	⬭⬭	⬭⬭
睡眠	21：15前	⬭⬭	⬭⬭	⬭⬭	⬭⬭	⬭⬭

一周学业整理

		教学内容	学业整理
周一	语文	—	开学快乐!
	数学	—	开学快乐!
	英语	—	开学快乐!
周二	语文	寒假生活分享	□看看语文书　　□给作业本、练字本包书皮 □带美术工具盒　□购买必读书目
	数学	开学第一课+长方形	□带七巧板 □聪明小练习（1）
	英语	—	□课外阅读15分钟 □听唱拓展歌曲 On In Under By
周三	语文	识字1《春夏秋冬》	□复习识字1《春夏秋冬》 □背诵课文+签字 □带三色文件夹
	数学	认识图形	□计算挑战P1（订正错题□）
	英语	—	□课外阅读15分钟
周四	语文	识字2《姓氏歌》	□复习识字2《姓氏歌》 □背诵课文+签字
	数学	拼一拼	□计算挑战P2（订正错题□）
	英语	Things in the classroom	□课外阅读15分钟 □听读课本P2–5
周五	语文	识字3《小青蛙》	□小石头的智慧谷（一） □复习识字3《小青蛙》 □背诵课文+签字
	数学	练习一	□计算挑战P3、P4（订正错题□） □小石头的加油站（一）
	英语	What a mess	□课外阅读15分钟 □听唱拓展歌曲 On In Under By □一起作业网

一周亲子回顾						
家长陪伴请亮 ♥	周一 ♡	周二 ♡	周三 ♡	周四 ♡	周五 ♡	周末 ♡

爸爸妈妈
想对我说

_____

_____

_____

_____

1. 新学期开始啦，请及时购买必读书目，开启新学期阅读之旅。

2. 记得每天完成作业之后，整理书包、课本、书桌，检查笔袋（5支铅笔+5支彩笔+直尺+橡皮），养成整理好习惯。

3. 寒假刚刚结束，请孩子们调整好作息，争取晚上9点之前上床睡觉，拥有充足的睡眠呦!

我已经仔细阅读并同意在期限内完成合同内容。

学生签名：_____   日期：_____

导师签名：_____   日期：_____

一年级教研组迭代设计

附录2 二年级多学科合同作业样例

二年级稻田家全科作业合同（第19周）

我会按照全科作业合同，合理规划并及时完成学习任务。在一周学习结束时，对自己一周的学习做一次整理与反思。

导师签名：_____   学习者：_____

一周生活整理

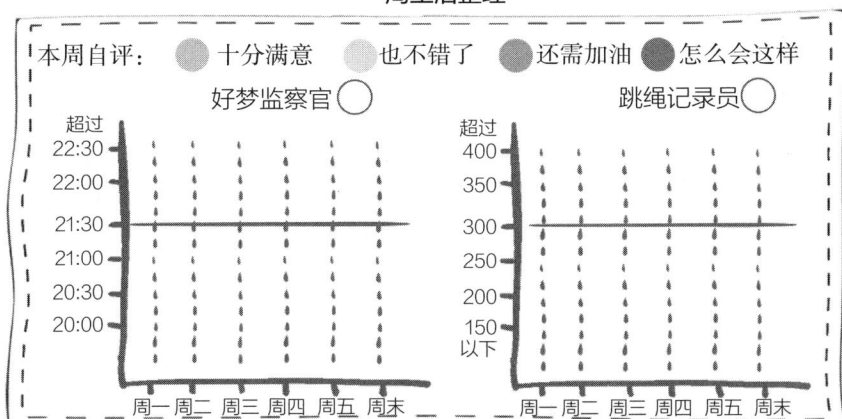

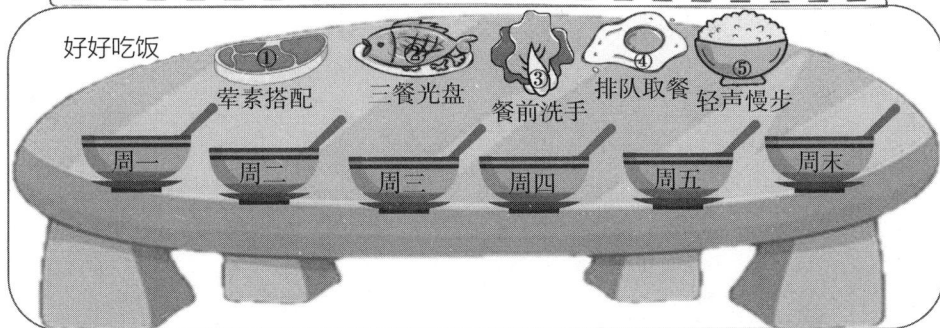

本周自评： ⬤ 十分满意　⬤ 也不错了　⬤ 还需加油　⬤ 怎么会这样

好梦监察官 ◯

超过
22:30
22:00
21:30
21:00
20:30
20:00

周一 周二 周三 周四 周五 周末

跳绳记录员 ◯

超过
400
350
300
250
200
150
以下

周一 周二 周三 周四 周五 周末

好好吃饭

① 荤素搭配　三餐光盘　③ 餐前洗手　排队取餐　⑤ 轻声慢步

周一　周二　周三　周四　周五　周末

一周作业自查清单

□ 我的字写得端(duān)正吗？　　□ 我每项作业都完成了吗？
□ 我写完作业会仔细检查一遍(biàn)吗？　□ 我能很自豪地说：我已经尽了我最大努力了。

我想邀请（老师 同学）对我这一周的表现做个评价

★ 上课认真倾听（1 2 3 4）　　　★ 课堂举手发言积极（1 2 3 4）
★ 写作业静悄悄、很专注（1 2 3 4）　★ 课间文明游戏（1 2 3 4）
★ 会合作：友好 守规则 互助（1 2 3 4）　★ 安静午休（1 2 3 4）

评价人：_____

家校留言板

| 家长陪伴请亮 ❤ | 周一 ♡ | 周二 ♡ | 周三 ♡ | 周四 ♡ | 周五 ♡ | 周末 ♡ |

本周提醒	开始进入期末复习啦！期末语文将有背诵、识字、写字、看图说话过关哟！
本周积累	1．经典素读：一下　第二课《诗经》； 2．背诵过关：整理乐园上的背诵篇目
	本周自读书目"朋友"主题，本周打算读（　　　）本

时间	学科	教学进度	学习任务	自主规划 在校	自主规划 在家	整理反思
周二	语文	24风娃娃	①阅读"朋友"主题书目30分钟□ ②词语采集□ ③朗读□			我给自己 打（　　）★ 1．订正先行、 难题优先□ 2．完成规划 任务□ 3．整理课是否 专注□
	英语	*Merry Christmas*	①一起作业□　②祝贺卡□ *本周课外阅读Hamster School Bus□			
	数学	第六、七单元小练笔	①口算P68 订正□ ②订正《周末加油站》□			
周三	语文	24风娃娃	①阅读"朋友"主题书目30分钟□ ②朗读课文□ ③自主复习三四单元□			我给自己 打（　　）★ 1．订正先行、 难题优先□ 2．完成规划 任务□ 3．整理课是否 专注□
	英语	/	一起作业□			
	数学	简单的排列	①口算P69 订正□ ②作业本P67□ ③订正《小练笔》□			
周四	语文	语文园地八	①阅读"朋友"主题书目30分钟□ ②朗读□ ③自主复习五六单元□			我给自己 打（　　）★ 1．订正先行、 难题优先□ 2．完成规划 任务□ 3．整理课是否 专注□
	英语	整理日	①一起作业□ ②朗读复习整理单□			
	数学	/	①口算P70 订正□ ②订正作业本P67□			
	科学	复习与整理	/			
周五	语文	复习七八单元	①阅读"朋友"主题书目30分钟□ ②看图说话练习□ ③朗读□ ④自主复习七八单元□			我给自己 打（　　）★ 1．订正先行、 难题优先□ 2．完成规划 任务□ 3．整理课是否 专注□
	英语	*Hamster School Bus*	①一起作业□ ②朗读复习整理单□			
	数学	简单的组合	①口算P71 订正□ ②作业本P68□			

二年级教研组迭代设计

附录3　三、四年级多学科合同作业样例

全科作业合同（6）

我会按照全科作业合同，合理规划并及时完成学习任务。在一周学习结束时，对自己一周的学习做一次整理与反思。

导师签名：＿＿＿＿＿＿　　学习者：＿＿＿＿＿＿

科目	本周规划内容					
	规划	周一	周二	周三	周四	周五
语文	教学内容	第二单元检测	学习K8	学习K8	绘本写作	学习K9
语文	常规任务	①朗读《晨诵暮读》　②预习复习　③练字本K8、K9 ④作业本K8、K9　⑤阅读半小时				
语文	拓展任务	⑥语文合同　⑦阅读单或阅读练习　⑧日记或周记				
数学	教学内容	解决问题	整理与复习	三位数加三位数（1）	三位数加三位数（2）	练习八
数学	常规任务	①本周内口算P24—28　②作业本P19—24　★订正国庆加油站				
数学	拓展任务					
英语	教学内容	拓展材料P7—8	拓展材料P11	拓展材料P9—10	/	writing
英语	常规任务	①一起作业　②英语合同Task 4，Task 5，Task 6　③订正合同 ④记背单词　⑤writing				
英语	拓展任务	⑥课外阅读*Festivals*				
科学	教学内容	1.7		1.8		
科学	常规任务	①作业本P14—15　②作业本P16—17　③作业本P18—21　④笔记1.7—1.8 ⑤订正作业本　⑥复习第一单元（第7周第一单元检测）				
科学	拓展任务					
提醒	本周，你的家务劳动安排是（　　　　　　）。☆☆☆☆☆					

好梦监察官　○

超过
22:30
22:00
21:30
21:00
20:30
20:00

周一　周二　周三　周四　周五　周末

跳绳打卡
加油区　30—90个 1分钟　>150个 1分钟　我能行
90—150个 1分钟
继续坚持！

仰卧起坐
加油区　1—20个 1分钟　>40个 1分钟　我能行
21—40个 1分钟
继续坚持！

时间	学科	我的规划			一日整理	课后学业整理老师评价
		在校		在家		
周二	语文				我给自己打 （　）★ 1. 订正、难题优先□ 2. 完成规划任务□ 3. 整理课专注认真□	老师给我 打（　）★ 备注：谢老师 老师签名：
	英语					
	数学					
	科学					
周三	语文				我给自己打 （　）★ 1. 订正、难题优先□ 2. 完成规划任务□ 3. 整理课专注认真□	老师给我 打（　）★ 备注：范老师 老师签名：
	英语					
	数学					
	自主					
周四	语文				我给自己打 （　）★ 1. 订正、难题优先□ 2. 完成规划任务□ 3. 整理课专注认真□	老师给我 打（　）★ 备注：范老师 老师签名：
	英语					
	数学					
	科学					
周五	语文				我给自己打 （　）★ 1. 订正、难题优先□ 2. 完成规划任务□ 3. 整理课专注认真□	家长给我 打（　）★ 备注：家长 家长签名：
	英语					
	数学					
	自主					
周六	语文				我给自己打 （　）★ 1. 订正、难题优先□ 2. 完成规划任务□ 3. 整理课专注认真□	家长给我 打（　）★ 备注：家长 家长签名：
	英语					
	数学					
	自主					

我的学习任务安排

本周反思
★上课认真倾听　　★小组友好合作
　1 2 3 4　　　　　1 2 3 4
★课堂发言积极　　★课间文明游戏
　1 2 3 4　　　　　1 2 3 4
★书写认真专注　　★晨读午间自主
　1 2 3 4　　　　　1 2 3 4

留言区

三、四年级教研组迭代设计

附录4 高年级语文合同作业样例

学科：语文 学习主题：小说的魅力 学习周期：第14—15周

导师：_____ 学习者：_____

【单元学习概述】

孩子们，接下来的这两周我们将走进小说单元，在阅读实践中细细感受情节推进和环境描写对塑造人物形象的作用，我们还将尝试自己创作微型小说，开展一场"故事创编赛"。

【单元学习目标】

1. 基础目标：能自主学习积累，熟练掌握生字新词，过关时正确率达到95%。能背诵《穷人》第一自然段和"日积月累"。

2. 发展目标：阅读小说时能关注情节、环境，通过细节描写感受人物形象；并尝试运用环境和心理描写塑造人物形象，创作一篇微型小说。

【教学活动安排】

	周一	周二	周三	周四	周五
第14周	K13.《桥》	K13.《桥》	K14.《穷人》	K14.《穷人》	K15.*《金色的鱼钩》/整本书阅读交流
	第一阶段：阅读与品鉴				
	周一	周二	周三	周四	周五
第15周	语文园地四	习作指导	自主创作	习作点评	"故事创编赛"成果展
	第一阶段：阅读与品鉴	第二阶段：构思与创作		第三阶段：修改与分享	

【我们的学习任务】

两周学习任务（☆为选做任务）	提交时间	工作量
为达成目标一，我们要完成以下学习任务：		————
1. 预习第四单元	第14周周一前	2.0
2. 积累背诵：□K14第1段　　□日积月累 　　□☆《史记·周亚夫军细柳》	第14周周五抽查	0.5—1.0
3. 准备单元字词后测　　我申请：周_____	第15周周五前	0.5
4.《语文作业本》第四单元	新授课结束	0.5
5. 复习第四单元	第15周周二前	1.0

温州道尔顿小学
WENZHOU DALTON ELEMENTARY SCHOOL

六年级合同作业

为达成目标二，我们要完成以下学习任务：

故事创编赛

第一阶段：阅读与品鉴	第二阶段：构思与创作	第三阶段：修改与分享
1. 名篇集结号：品读课文，联读名篇 □☆读小说名篇　□☆观《一碗阳春面》 2. 整本书阅读：《棋王》 □批注　　　　　□☆小说情节图 □☆人物形象表　□☆对比阅读单 3. 整理室项目：跟着莫言学环境描写 □☆画思维图　　□☆摘记任务单 □☆仿写任务单	1. "好的故事"创编 □☆故事信息卡 □创作故事 □_____ 2. ☆私约导师	1. 修改及完稿 □☆找同学点评 □自主修改 □打印或誊抄最终修改稿 2. "创编赛"成果展 □☆自荐卡 □☆推荐海报 □☆故事分享会
提交时间：第14周周四、周五整理课 工作量：1.0—7.0	提交时间：第15周周四前 工作量：1.0—3.0	提交时间：第15周周五前 工作量：1.0—4.0

温馨小贴士：一周我们完成7个工作量就达成学习任务，超工作量完成任务也是你的选择。

【单元学习成果评价标准】

学习目标	学习证据	3.0水平描述	自我评价
基础目标	字词后测	字词错误少于5个。	
	背诵积累	正确背诵，错误少于3处。	
	语文作业本	在深入理解课文的基础上完成，每课错误少于1处。	
发展目标	《棋王》阅读	整本书阅读，完成阅读单中的任务，有一定的思考。	
	"好的故事"创编赛	有人物细节描写（语言、动作、心理），有性格特点；情节围绕主要人物展开，有起因经过结果，逻辑合理；环境描写恰当。	

备注：达成标准为"3.0"，超出标准为"4.0"，未达成标准为"2.0"。

每天记得坚持运动、阅读、劳动哦！

我已经仔细阅读并同意在期限内认真地、有计划地完成学习内容，努力做一个独立自主的学习者。

学生签名：_____

导师签名：_____

本学期必读书目：
《小王子》《棋王》《红岩》《童年》
《老残游记》《鲁迅入门读本》
本学期选读书目：
《海鸥乔纳森》《芒果街上的小屋》
《布鲁克林有棵树》《傅雷家书》
《名人传》《苏菲的世界》
《银河帝国基地》《爱的教育》

六年级语文教研组迭代设计

附录5　高年级数学合同作业样例

六年级数学合同作业

学科：数学　　　　　　　　学习主题：第五单元《圆》

我承诺：我已认真阅读合同，会合理规划并及时完成学习任务，对自己的学习负责。

导师：＿＿＿＿＿＿　　　　学习者：＿＿＿＿＿＿　　　　学习周期：一周

➡ **本周学习概述：**

1. 圆和圆环的面积。　　2. 解决问题。

➡ **本周我要掌握的学习目标：**

目标1．经历把圆剪拼成一个近似长方形的活动，对比、发现圆与长方形之间的关系，推导出圆的面积计算公式。

目标2．了解什么叫圆环，理解求圆环的面积是用外圆面积减去内圆的面积。

目标3．能灵活运用圆的面积解决内接外切正方形与圆之间部分的面积。

老师的教学活动安排

周次	周一	周二	周三	周四	周五
第13周	圆的面积	圆环的面积	练习课	解决问题	练习课

一周学习任务

打☆为选做任务

目标一：

1. ☆探究"割圆术"的奥秘 □……………（工作量：0.5）
2. 当堂练习 □…………………………（工作量：0.5）

目标二：

1. 当堂练习 □…………………………（工作量：0.5）
2. 作业本P43-44 □……………………（工作量：0.5）
3. ☆测量并计算学校操场的面积 □……（工作量：0.5）

目标三：

1. 当堂练习 □…………………………（工作量：0.5）
2. 作业本P45 □…………………………（工作量：0.5）
3. ☆探究正方形与内切圆之间的面积比……（工作量：0.5）

做黑板！

一周要事提醒：

1. 每课必备圆规。
2. 想知道学校操场的面积吗？可以带上你需要的工具去实地测量哦。

◆整理与反思◆

💡 材料整理（整理第12周的作业等级，并记录在下表中）：

学习内容	学习证据	评价标准描述	自评（填各层级共得几个）		
			不达标（2-1）	达标3	优秀4
比的基本性质与应用	圆的认识与周长相关练习	练习无错误为4 练习错误少于5处为3 练习多于5处为2-1	共（　）个	共（　）个	共（　）个

💡 我的评价与反思：根据上表的评价描述，为自己本周的目标达成情况打"√"。

【目标回顾：熟知圆各部分名称以及它们之间的关系，会用圆规画圆；理解圆的周长公式，会计算圆的周长。】

➢ 我对自己的达成情况（满意　　不满意　）

➢ 原因是：＿＿＿＿＿＿＿＿＿＿＿＿＿＿＿＿＿＿＿＿＿＿

➢ 本周的学习让我最喜欢的是：＿＿＿＿＿＿＿＿＿＿＿＿＿＿

➢ 让我觉得很困难的是：＿＿＿＿＿＿＿＿＿＿＿＿＿＿＿＿

➢ 我能想到的解决办法是：＿＿＿＿＿＿＿＿＿＿＿＿＿＿＿

💡 周末任务清单：

本周末我选择的任务是：＿＿＿＿＿＿＿＿＿

①整理：圆的面积怎么算？为什么这样算？请用圆片剪、拼+文字说明。□

②巩固：周末加油站。□

③实践：测量并计算操场的面积（保留图片、文字及数据材料），并将过程整理记录下来。□

王方老师设计

附录6 高年级英语合同作业样例

Portfolio of English Worksheets

(Module 4)
SL Unit 6 Chores

Hello, boys and girls. This module we are going to learn about **Chores.** We'll learn all kinds of chores we can do: clean the room, make the bed, take out the rubbish, wash clothes, tidy the desk, sweep the floor, water the plants, feed the fish. And we'll get some information about different ways of doing chores . Let's learn and share!

学习内容	每周常规任务概述	每周自主学习任务（可选）
Module 4 Chores SI 五年级上 Unit 6 Chores(家务)	①每日听读 10-15 分钟 【2.0】 ②每日阅读不少于 15 分钟 【2.0】 ③课堂任务单、学习合同 【2.0】 ④单词识记 _____次 【1.0】 ⑤字帖描红 P_____ 【1.0】	◎ 21 世纪报阅读、摘抄 ◎ 少儿趣配音作品 ◎ Spelling Bee 单词积累

Tips 学习建议：

朗读：每天听读，记得模仿语音语调。

阅读：坚持每日阅读，不认识的单词可以先猜意思；可以制作小报记录好词好句。

学习单：注意一线格书写；及时检查拼写及标点；错题及时订正并整理笔记。

单词识记：规划好每日识记，积少成多；根据单词发音识记单词，会更高效哦。

写作：先列思维导图，确定大框架，能运用具体的事例证明自己的观点。

Promise

I have read the tasks of the study contract. I promise to plan well and finish the work carefully.

_____

_____

Student's Signature:_____   Teacher's Signature:_____

五年级（上）Module 4 学习目标及整理反思表

I can read ☺☺☺☹			我能用合适的语音语调大声朗读以下内容		
Unit6	P68-69	Lesson 1	学伴：_____	P75	Fun Time	学伴：_____
	P70-71	Lesson 2	学伴：_____	P76-77	Let's check	学伴：_____
	P72-73	Lesson 3	学伴：_____	P78-79	Story Time	学伴：_____

I can talk ☺☺☺☹　　我能用英语与同伴完成口语任务

Joy: Hello, Bill. This is Joy. Can you play with me?
Bill: Sorry, not now. I'm doing my chores.
Joy: Do you usually do chores at home?
Bill: Yes, **I usually water the plants. I also enjoy feeding my fish.** I'm sweeping the floor now. **What chores do you usually do at home?**
Joy: **I usually tidy my desk and clean my room.** Do you like doing chores?
Bill: Yes. I enjoy helping my parents.
Joy: Me too. Call me when you're free.
Bill: OK. Bye.
Joy: Bye.

□我能用英语表达自己可以做及经常做的家务事，并跟同伴分享交流。
□我能询问他人，获取与做家务相关的信息，并给出适切的回应。

I can spell ☺☺☺☹　　我能拼写下列句子，并造句

□ *Do you help your parents do chores at home?*　　□ *I enjoy helping my family.*
□ *What chores do you usually do at home?*　　□ *I usually water the plants.*
□ *How often do you do it?*　　□ *Three times a week.*

I can spell ☺☺☺☹　　我能认读本模块的词汇，并默写四会单词。　4 □ 3 □ 2 □ 1 □

chores 家务	
usually 通常地；经常地	cheer up 使高兴；高兴起来；使振奋
clean the room 打扫房间	cook food 烹饪食物
make the bed 整理床铺	walk the dog 遛狗
take out the rubbish 丢垃圾	go camping 去露营
wash clothes 洗衣服	play with me 和我一起玩
tidy the desk 清理书桌	robot 机器人
sweep the floor 扫地	pet cat 宠物猫
water the plants 浇灌植物	do the dishes 洗餐具
feed the fish 喂鱼	helpful 有帮助的；有用的
make lunch 做午餐	care about 关心

Other Useful Words/Phrases 其他常用单词/词组

come into out lives 进入我们的生活　　do chores 做家务　　cheer up 使高兴；高兴起来；使振奋

◎本单元词句识记规划（请写出每周单词识记计划）
第①周我将安排朗读以上四会词句_____次；抄写_____次，默写_____次。
第②周我将安排朗读以上四会词句_____次；抄写_____次，默写_____次。

I can write 😊😊😐☹️　📖✍️　我能用英语完成书写任务

C Let's write.

On Saturday I usually help my mother do chores at home. In the morning I walk the dog. In the afternoon I clean my room.

What about you?

_____

_____

_____

_____

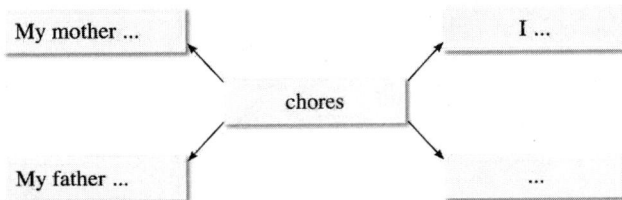

My mother ...

I ...

chores

My father ...

...

D Let's write.

In my family, everyone does chores every day.

My mother _____.

My father _____.

I _____.

□ 我能写一写自己或他人做的家务，评出家务之星。

Grammar 😊😊😐☹️　我能了解语法规则

一般现在时

★定义：表示现在经常反复发生的动作、存在的状态或习惯性的动作的时态。

1. 第一第二人称复数

Affirmative（肯定句）		*Negative*（否定句）	*Question*（疑问句）
I	*play*	*I do not (don't) play.*	*Do I play?*
you	*play*	*You do not (don't) play.*	*Do you play?*
they	*play*	*They do not (don't) play.*	*Do they play?*
we	*play*	*We do not (don't) play.*	*Do we play?*

2．第三人称单数

情况	方法	示例
一般情况	+s	*run-runs; get-gets*
以*s*、*x*、*ch*、*sh*、*o*结尾	+es	*pass-passes; fix-fixes;* *watch-watches; teach-teaches;* *wash-washes; go-goes; do-does*
以辅音字母+*y*结尾	变*y*为*i*+es	*study-studies; fly-flies*
特殊情况	不规则	*have-has*

3．频率副词

我们用频率副词来表示某人做某事的频率。用法：放在V动词原形前面。

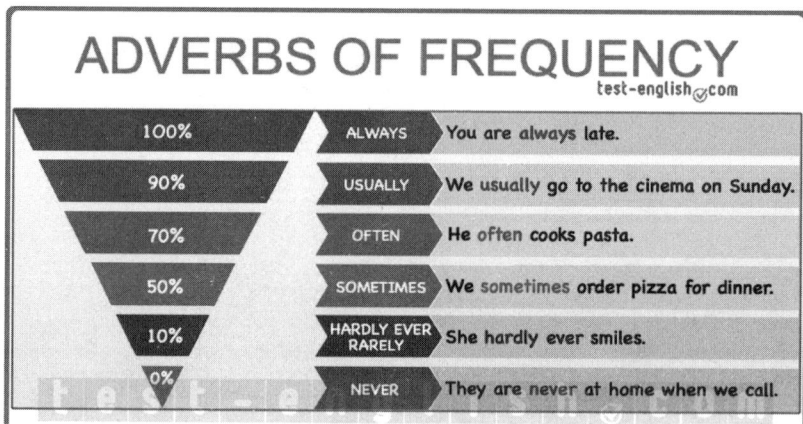

ADVERBS OF FREQUENCY
test-english.com

100%	ALWAYS	You are always late.
90%	USUALLY	We usually go to the cinema on Sunday.
70%	OFTEN	He often cooks pasta.
50%	SOMETIMES	We sometimes order pizza for dinner.
10%	HARDLY EVER RARELY	She hardly ever smiles.
0%	NEVER	They are never at home when we call.

我的回顾与反思				
反思项目	自评结果			
1．能按时完成听读作业。	◎4	◎3	◎2	◎1
2．能按时完成学习单。	◎4	◎3	◎2	◎1
3．能书写端正并及时订正。	◎4	◎3	◎2	◎1
4．能流利朗读核心词句。	◎4	◎3	◎2	◎1
5．能正确拼写核心词句。	◎4	◎3	◎2	◎1
6．能有规划地完成单词识记与积累。	◎4	◎3	◎2	◎1
7．能坚持报纸和课外阅读。	◎4	◎3	◎2	◎1
8．能完成自主作业。	◎4	◎3	◎2	◎1

经过这个单元的学习，我学会了＿＿＿＿＿＿＿。我发现我在＿＿＿＿＿＿＿方面做得比较好，我给自己的评价是4/3/2/1分。因为＿＿＿＿＿＿＿，接下来我还需要努力的是＿＿＿＿＿＿＿，我会用＿＿＿＿＿＿＿方法来帮助自己。

英语教研组迭代设计

附录7 高年级多学科规划整理单样例

吾日三省吾身（晨间、午间、午后）

第（　　）周　　月　日至　　月　日

我的承诺： 我要每天善于思考，合理规划，会选择，能担当，做一个独立自主的学习者。签名：

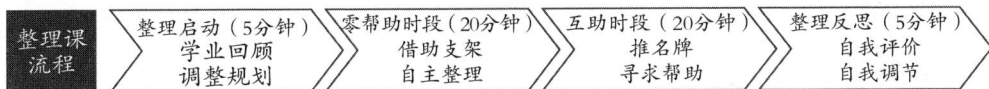

整理课流程	整理启动（5分钟）学业回顾 调整规划 ▷	零帮助时段（20分钟）借助支架 自主整理 ▷	互助时段（20分钟）推名牌 寻求帮助 ▷	整理反思（5分钟）自我评价 自我调节 ▷

	语文	数学	英语	科 学	整理反思	课后管理
周末	订正□ 解惑□	订正□ 解惑□	订正□ 解惑□		目标达成： 整理策略：	☆ ☆ ☆ ☆ 备注： 老师签字：
周一	订正□ 解惑□	订正□ 解惑□	订正□ 解惑□		目标达成： 整理策略：	☆ ☆ ☆ ☆ 备注： 老师签字：
周二	订正□ 解惑□	订正□ 解惑□	订正□ 解惑□		目标达成： 整理策略：	☆ ☆ ☆ ☆ 备注： 老师签字：
周三	订正□ 解惑□	订正□ 解惑□	订正□ 解惑□		目标达成： 整理策略：	☆ ☆ ☆ ☆ 备注： 老师签字：
周四	订正□ 解惑□	订正□ 解惑□	订正□ 解惑□		目标达成： 整理策略：	☆ ☆ ☆ ☆ 备注： 老师签字：
周五	订正□ 解惑□	订正□ 解惑□	订正□ 解惑□		目标达成： 整理策略：	☆ ☆ ☆ ☆ 备注： 老师签字：

我的阅读清单：

我的阅读评价：

附录8 高年级单元预习单样例

第（一）单元预学单

学习主题：_____ 班级：_____ 姓名：_____

项目	目标	方法	具体工作	评价
读通课文（1—4课）	整体感知课文	放声朗读	我读了（　　）次	
自学课文新词（1—4课）	会认、会写、会用	1. 朗读词语 2. 查阅工具书	难写或不理解的词：	
课文主要写了什么？	学会概括主要内容	1. 补充课题 2. 抓关键词 3. 联结每段的主要内容 4. 取主舍次 5. 摘录重点句段		
自学重点	会抓重点学习	1. 画出感受深刻的句子 2. 在书的空白处写批注	具体标注在书上	
我有问题	学会提问	1. 从词语使用发问 2. 抓住标点符号质疑 3. 从含义深刻的句子中发问 4. 从文本矛盾处发问 5. 从文章结构处提问		
了解与课文相关的知识	知识拓展	查阅资料，相互交流		

附录9 跨学科学习合同样本

Sample learning contract
学习合同样本

Student instructions 指导语（引语）＿＿＿＿＿＿＿＿

Learner 学生：＿＿＿＿＿＿＿＿＿＿＿＿＿＿＿＿

Instructor 导师：＿＿＿＿＿＿＿＿＿＿＿＿＿＿＿

Learning Experience 学习经验（科目/主题）：The geography of the United Kingdom.

英国地理单元的学习

What are you going to learn? 你将要学什么？（Objectives 目标）把你完成学习后所能知道或做成的事——罗列。（学生可以自己决定目标，但必须参与讨论目标的适用或增减）目标的分类：学习目标和教育目标 1. 评估我对本单元学习的需求和所需要的准备。 2. 深入了解英国的气候。 3. 了解英国的地形、山脉、丘陵、气候、位置。	How are you going to learn it? (Resources and Strategies) 你将如何学习这个内容？（资源和方法）如果你要达成每个目标，你需要怎么做？可以制定一份任务清单、资源清单等。 1. 利用"单元计划指南"制订我这个单元的计划安排。 2. 尽可能多地搜索和阅读第一单元的文章。重点将放在苏格兰、威尔士和英格兰的地形差别上。 3. 我将做一份PPT并写一篇文章。多用视觉化的方式呈现我的主题内容一定会有助于我最后的学习成果。	Target date for completion 完成这些目标的期限 你准备什么时候完成每项任务？（学生参与制定时间期限，包含导师和学生的定期会面安排）

How are you going to know that you learned it? (Evidence) 你如何知道你学会了？（证据）	How are you going to prove that you learned it? (Verification)（验证） 你如何证实你学会了？	Advising faculty member feedback (Evaluation and reflection) 导师和学生的评价与反思
有哪些具体成果可以说明你完成了学习？ 例如一次演讲、一份报告、一篇观察日志、一个作品等。 A 3/4 page research paper on the geography of the United Kingdom. 1. 一篇3/4页长度的关于英国地理主题的研究报告。 2. 一份满意的学习合同。	谁将接收你的学习成果？他们将如何评价？（评价标准） 1. 我的导师会根据研究报告的一篇3/4页长度的详尽度和实用度给予评价。相关的文献引用综述一起附在报告上。 2. 我的学习合同会交给导师。导师根据合同内容，任务和目标制定的深度、合理性来评价。 导师会给予修改意见直到双方达成一致的协定。	导师提供评测结论或学生自评和自我反思。 教师详细的评论、反馈和评定结果。 学生自评卡、自我反思卡等自评支架。

I have reviewed and find acceptable the above learning contract.

我已经仔细阅读并同意以上的学习合同内容。

如果学生认同能够在安排的期限内完成学习合同，那么学生个人或团队将签署上述合同。

Student 学生:_____

Advising instructor 导师:_____

Date日期:_____

附录10 "苏东坡阅读答辩"项目合同作业

苏东坡，一个"无可救药"的乐天派、一个伟大的人道主义者、一个大文豪、大书法家、创新的画家、造酒试验家、一个工程师、一个月夜徘徊者……但是这还不足以道出苏东坡的全部。让我们通过阅读答辩的方式走近他，了解他。

学生：

导师：

答辩主题：

完成这个项目后，我将获得： 1. 了解苏东坡的生平； 2. 知道苏东坡的某方面特点； 3. 尝试运用专题式的方法来阅读； 4. 能根据自己的需求选择整合恰当的资料； 5. 能清晰地阐述自己的观点； 6. 能熟练运用PPT； 7. ＿＿＿＿＿＿＿＿＿＿＿＿	为了完成这个项目，我打算这样做：	完成项目的日程安排（附后）：
本次项目的成果是：	本次项目的评价标准（附后）	学生反思： 本次项目我的目标达成情况是： 本次项目我最喜欢的是： 我觉得困难的是： 我积累的经验是： 导师评价：

我已经仔细阅读并同意以上学习合同内容。

学生：

导师：

日期：

【评价规则】

评价维度	评价描述	等级（4 3 2 1）
项目启动	能认真倾听，积极思考，乐于表达；能利用逆推思维法合理规划研究日程。	
自主研究	能根据研究日程自我监控，及时标记；能灵活运用跨学科知识技能和网络检索、书籍查阅等研究方法，正确使用整理室资源，撰写立场文件；遇到自己努力后仍解决不了的挑战时，能向导师、学习伙伴寻求支持。	
形成成果	能按时形成讲稿、PPT等展示成果。讲稿观点鲜明，论据充分，条理清晰，文从字顺；PPT图文并茂，赏心悦目，能对丰富的资料进行恰当的整理与呈现。	
展示评价	展示时思路清晰，能自信大方地陈述自己的研究成果，流畅地进行现场答辩。能认真欣赏同伴展示，并根据《评价规则》给同伴公正合理的评价。	
优化完善	能发现接纳自己的不足，根据同伴评价和导师建议继续改进自己的成果；根据《评价规则》进行客观反思。	

【我的研究日程安排】

Day1 周四	Day2 周五	Day3 周六	Day4 周日	Day5 周一	Day6 周二
项目启动					
Day7 周三	Day8 周四	Day9 周五	Day10 周六	Day11 周日	Day12 周一
	中期反馈				
Day13 周二	Day14 周三	Day15 周四	Day16 周五		
		成果汇报			

工作量：3个（　　　　）

附录11 "千年之约"模拟联合国项目学习合同

两千多年前，丝绸之路的开拓者张骞被誉为"第一个睁开眼睛看世界的中国人"，从他开始，中国通过丝绸之路博望世界。丝绸之路历经岁月与风尘，繁衍出新的文明。而今，其中来来往往的使节、商旅、僧人、武士……早已不在，但曾经的峥嵘岁月仍引人注目，这里也必将更加繁荣。2013年，习近平主席提出共建"丝绸之路经济带"和"21世纪海上丝绸之路"（简称"一带一路"）的重大倡议得到国际社会高度关注。

学生：　　　　　　　　　　　　　　　　　　　　导师：

模拟联合国代表国：

与会国：中国、英国、缅甸、哈萨克斯坦、俄罗斯、法国、巴基斯坦、印度、美国、伊朗、日本

完成这个项目后，我将获得：	本次项目的成果是：	本次项目的评价标准（附后）：
1.了解丝绸之路的历史变迁与"一带一路"的战略意义； 2.培养全球思维，扩展国际视角，锻炼面对争议与冲突时解决问题的能力； 3.通过模联大会阐述观点、做出决议，初步熟悉联合国运作，了解自身在未来可以发生的作用； 4.＿＿＿＿＿＿	一份模联立场文件 一个模联立场报告 一次模联大会展示	
为了完成这个项目，我打算这样做：	完成项目的日程安排（附后）：	学生反思： 我的目标达成情况是： 我最喜欢的是： 我最大的挑战是： 我积累的经验是： 导师评价：

我已经仔细阅读并同意以上的学习合同内容。

学生：

导师：

日期：

【评价规则】

评价维度	评价描述	等级（4 3 2 1）
项目启动	能认真倾听，积极思考，乐于表达；能利用逆推思维法合理规划研究日程。	
自主研究	能根据研究日程自我监控，及时标记；能灵活运用跨学科知识技能和网络检索、书籍查阅等研究方法，正确使用整理室资源，撰写立场文件；遇到自己努力后仍解决不了的挑战时，能向导师、学习伙伴寻求支持。	
形成成果	能按时提交立场文件，分角色参与模联大会，进行立场报告等展示。立场文件观点鲜明，论据充分，条理清晰，文从字顺。	
展示评价	展示时严格遵守模联规则，思路清晰，自信大方，随机应变。能根据《评价规则》给同伴公正合理的评价。	
优化完善	能发现接纳自己的不足，根据同伴评价和导师建议继续改进自己的成果；根据《评价规则》进行客观反思。	

【我的研究日程安排】

Day1 周二	Day2 周三	Day3 周四	Day4 周五	Day5 周六	Day6 周日
项目启动					
Day7 周一	Day8 周二	Day9 周三	Day10 周四	Day11 周五	Day12 周六
		中期反馈			
Day13 周日	Day14 周一	Day15 周二			
		展示评价			

工作量：3个（   ）

彭丽雅老师设计

附录12 "海洋塑料垃圾污染"跨学科合同作业中指向目标的任务规划

我的项目工作规划表

社会性议题：海洋塑料垃圾污染

如果你是模联代表团成员，你们将怎样为全球"清洁海洋"倡导活动提供一份"减塑"行动清单？

关于"模拟联合国"的问题：

① 什么是联合国？是干什么的？

② 什么是模拟联合国？

③ 怎样才能成为模联代表？

④ _____

⑤ _____

关于"塑料垃圾"的问题：

① 塑料有哪些成分？

② 哪些东西是塑料？

③ 生活中怎样减少塑料垃圾的产生？

④ 海洋那么广阔，我们应该如何有效清洁海洋里现有的塑料垃圾？

⑤ 海洋塑料垃圾清洁为什么这么难？

⑥ 人类为什么要往海洋里扔垃圾？

⑦ 如何处理塑料垃圾最有效？

⑧ 怎样可以利用塑料？

⑨ _____

⑩ _____

关于"怎样完成任务"的问题：

① 我们要怎么做？第一步做什么？

② 怎么设计行动清单？

③ 行动清单的内容、格式是怎样的？

④ 除了行动清单，我们还要做别的工作吗？

⑤ 如何让全世界的人都愿意加入这个行动？

⑥ 怎样更好地宣传这个行动？

⑦ _____

⑧ _____

其他问题：

① _____

② _____

我已经得到解决的问题（填序号）：_____

班级：_____　　姓名：_____

日期	阶段	课程安排	可能解决的问题	我的任务安排
3.15—3.21	收集资料	《塑料家族：我们生活在一个塑料世界》 • 寻找生活中的塑料，分类统计塑料的用途； • 认识塑料家族的7位主要成员（7种不同种类）； • 了解塑料的特性：检测实验。		（建议）课后阅读科普文：了解塑料是怎样发明的，对人类意味着什么
		《塑料垃圾去哪儿了：塑料垃圾的不同处理方式》 • 进行塑料垃圾填埋实验； • 观看塑料垃圾处理视频，了解不同处理方式； • 总结塑料垃圾处理方式的困难。		（建议）课后调研（垃圾处理厂、社区垃圾站、餐饮店、大型商超等）
3.22—3.28		《塑料污染：进入海洋的塑料是如何一步步破坏海洋生态环境的》（1） • 了解塑料垃圾怎样从我们身边进入海洋； • 海洋塑料生态模拟游戏：塑料垃圾如何影响海洋生态系统？ • 初步建立海洋生态塑料污染模型。		（建议）课后观看《塑料海洋》纪录片
		《塑料污染：进入海洋的塑料是如何一步步破坏海洋生态环境的》（2） • 演示海洋生态塑料污染模型； • 交流讨论； • 分析海洋生态塑料污染相关数据。		
		《塑料困境：我们可以离开塑料吗？》 • 实践挑战：我的"无塑"生活（一天内不使用包含塑料的物品）； • 了解国家减塑政策、企业个人减塑方式； • 尝试列出行动清单。		
3.29—4.4	准备撰写	《模拟联合国课程2——背景解读》 • 解读联合国关于海洋塑料污染的背景文件； • 学习含"行动清单"的立场文件的书写。		
		《模拟联合国课程3——书写立场文件》 • 根据所提供的材料书写立场文件。		
		《模拟联合国课程4——修改立场文件》 • 根据导师反馈对"立场文件"进行修改； • 学习"立场文件"的演说技巧。		
4.5—4.23	成果演示	• 立场文件演说展示； • 竞选模联代表； • 召开模联大会，确定行动清单。		
4.26—4.30	项目总结	《整理提交行动清单》 • 确定完整的"行动清单"； • 提交到联合国电子邮箱。		

我还剩下这些问题需要解决（填序号）：_____

我希望通过这些方式去解决：1. 自己研究（网络查询、书籍阅读等）

2. 老师增设课程，如：_____

3. 其他_____

缪旭春老师、鲍珍怡老师设计

附录13 "逃离地球"之"未来蝗灾"
项目合同作业

"逃离地球"之 **"未来蝗灾"** 项目启动任务单

学习目标

1. 了解什么是科幻作品。

2. 了解"未来蝗灾"项目式学习的内容。

3. 提出"未来蝗灾"相关的待解决问题。

4. 完成项目式学习规划。

"未来蝗灾"项目
学习手册完整样例

学习内容

1 什么是科幻作品

1. 观看视频，思考问题。

最初，没有人在意这场灾难。这不过是一场山火，一次旱灾，一种病毒的肆虐，一座冰川的消失……直到这场灾难和每个人息息相关。面对视频中地球出现的灾难，你认为这些都是真实发生的吗？

☐ 全部是真实发生的。

☐ 一部分是真实的，另一部分是科幻作品。

资料袋

什么是科幻？

根据有限的科学假设(某些东西的存在，某些事件的发生)，在不与人类最大的可知信息量(如现有的科学理论，有据可考的事件记录)冲突的前提下，虚构可能发生的事件。

关于科幻故事

2. 思考问题，填写KWL表。

K What I Already Know	W What I Want to Know	L What I Have Learned
我已经知道的	我想知道的	学习后，我知道的 （暂时先不填写）

12 "未来蝗灾"项目式学习

2020 年初，我们宅家一起"战"疫，可我们面临的危机却不仅限于此。据美联社报道，25 年来最严重的蝗灾正在东非蔓延，对肯尼亚、埃塞俄比亚和索马里等国的粮食安全和经济发展都构成了前所未有的威胁。报道称，在东非的一些国家，大面积的蝗虫群铺天盖地而来，成千上万只蝗虫聚集在一起四处飞行，疯狂地吞噬着庄稼和植被。

科学家预测蝗灾可能在未来继续蔓延，假如在未来的某一天，严重的蝗灾降临，我们的生活会发生怎样的变化？我们又会做些什么？让我们用四格画创作一个科幻故事吧！

成果展示

◇ **考考你：** 本次项目式学习以_____作为项目的成果。

◇ 除了一个科幻故事四格画，你还可以选择以下方式展示相关的成果。

（在□中画 ✔ 或填写其他方式）

□手绘海报　　　　□科幻手工作品

□PPT 或希沃白板　□编程

□科幻电影配音　　□科幻小视频　　□_____

什么样的科幻故事四格画能让人印象深刻

成果评价

评价维度	评价标准	等级	自评
故事情节	漫画的开头、转折、结尾有清晰的发展情节，有自己的想法。		
绘画技巧	较准确地描绘出蝗虫的形象，恰当地运用色彩来勾勒画面。	4 超过标准	
科学元素	在一定程度上表现蝗灾的场景，并具有科学依据。	3 符合标准	
幻想元素	基于科学知识和规律，对未来世界进行大胆想象，具有创新意识。	2 接近标准	
主题思想	主题明确，充满积极正能量。	1 低于标准	
表达与分享	有其他形式表达作品。		

待解决的问题

☞ 要完成这次的挑战，我们需要先解决哪些问题？填写在待解决问题清单中。

待解决问题清单

_____

_____

_____

_____

项目进程规划表

时间规划	任务清单	学习方式	寻求支持	完成情况
周一				
周二				
周三				
周四				
周五				
周六				
周日				

承诺书

我承诺：

我愿意挑战这个项目，并且为此付出全部的努力，在项目规定时间内完成任务！

承诺人：_____（签名）

三年级项目日历

项目名称：逃离地球之"未来蝗灾"

午别	时间	周一	周二	周三	周四	周五	清明假期 4.4~4.6
上午	9:00—9:30	项目启动 主题：提出问题 导师：王红梅 内容：入项活动，引导填写KWL表、列出待解决问题清单	数学工作坊 主题：蝗灾的面积空间 导师：季纯纯 内容：认识面积和判断面积的大小、尝试用文字表达出视频中蝗灾所构成的面积大小	英语工作坊 主题：蝗虫总动员 导师：任玮珏 内容：阅读英语绘本，了解蝗虫的生活习性，对未来蝗灾发展开展想象	科学工作坊 主题：科技创想 导师：李翔 内容：畅想未来的生物科技，头脑风暴未来蝗灾的状况和解决办法	音乐工作坊 主题：故事配乐 导师：韩奇殊 内容：为四格画选择背景音乐、流畅地展示故事	自主学习
	9:30—11:00			午间休闲时光			
下午	14:00—14:30	语文工作坊 主题：蝗灾信息卡 导师：颜伟芬 内容：提取和加工信息，制作"蝗虫信息卡"	科学工作坊 主题：蝗虫的一生 导师：李翔 内容：观察蝗虫的生长发育，制作蝗虫的生命周期模型	语文工作坊 主题：蝗虫备忘录 导师：张玮 内容：《蝗虫备忘录》写作	美术工作坊 主题：故事四格画 导师：朱誉含 内容：创作科幻故事四格画	自主学习（14:00—15:30） 项目阶段总结（15:30—16:00） 内容：对一周学习的整理反思以及接下去完成任务的规划	修改完善项目成果
	14:30—16:00	自主学习（工作坊导师在线）	家庭时光（阅读、运动、家务）				导师一对一答疑

附录14 教师自主学习卡样例1

姓名		日期	2020年8月2日
学科	语文	项目	国际道尔顿培训之七：道尔顿学习合同和道尔顿课堂示范

复述重点信息：（请特别关注目标）

1. 了解罗纳主席建议的道尔顿课堂样态特点；
2. 了解道尔顿学习合同的特点；
3. 在本周末前完成自主学习卡。

已有的与此相关的经验或工作内容：

1. 平常的课堂教学中已有合作，但老师占领课堂的时间还是太多；
2. 道尔顿学习合同与日常我们的合同区别较大，需要仔细思考。

接下来如何应用或落实工作：

1. 在课堂教学中，重组教学内容，尝试将混合式教学引入课堂，增加学生的活动时间；
2. 仔细研究道尔顿学习合同，努力朝这个方向努力。

我的疑问：

道尔顿学习合同的方式与我们现在实行的合同区别很大，如何调整？

□已解决（再看一次/询问同事/询问有关中心/其他）

□未解决

此刻的工作心情：

原因是：很开心，因为又有了新的收获和目标。

附录15 教师自主学习卡样例2

如何培养道尔顿学子的独立精神和自我责任

教师姓名：　　　　　**学科：**　　　　　　**校学术委员会制**

以下是适用于所有班级日常活动的约定
请具体写下学生自主喝水和自主去洗手间的约定内容：
请预设可能发生的矛盾情况和解决方案（比如上课要喝水的人太多）：
请用可视化的方式画出自主喝水和自主去洗手间的步骤流程（可以画在黑板上后拍照，也可以画在这里）：
你会如何告诉学生这两项约定？请说明你的步骤：

出 版 人　郑豪杰
策划编辑　池春燕　闫　景
责任编辑　闫　景
版式设计　锋尚设计　孙欢欢
责任校对　贾静芳
责任印制　叶小峰

图书在版编目（CIP）数据

合同作业：培养独立自主的学习者 / 范怡红等编著.
北京：教育科学出版社，2024. 11.（2024. 12 重印）
-- ISBN 978-7-5191-4072-4

Ⅰ. G632. 46

中国国家版本馆 CIP 数据核字第 202442DJ87 号

合同作业：培养独立自主的学习者
HETONG ZUOYE：PEIYANG DULI ZIZHU DE XUEXIZHE

出版发行　教育科学出版社
社　　址　北京·朝阳区安慧北里安园甲 9 号　　　　邮　　编　100101
总编室电话　010－64981290　　　　　　　　　　　编辑部电话　010－64989593
出版部电话　010－64989487　　　　　　　　　　　市场部电话　010－64989009
传　　真　010－64891796　　　　　　　　　　　网　　址　http://www.esph.com.cn

经　　销　各地新华书店
制　　作　北京锋尚制版有限公司
印　　刷　唐山玺诚印务有限公司
开　　本　720 毫米 ×1020 毫米　1/16　　　　　　版　　次　2024 年 11 月第 1 版
印　　张　12.5　　　　　　　　　　　　　　　　　印　　次　2024 年 12 月第 2 次印刷
字　　数　207 千　　　　　　　　　　　　　　　　定　　价　48.00 元

图书出现印装质量问题，本社负责调换。